나의 가능성은
달리기에서
시작되었다

결국 해내는 사람들을 위한 러닝 철학
나의 가능성은 달리기에서 시작되었다

초판 1쇄 인쇄 2025년 5월 9일
초판 1쇄 발행 2025년 5월 15일

지은이 안정은

대표 장선희 　**총괄** 이영철
기획편집 현미나, 정시아, 안미성, 오향림
책임디자인 이승은 　**디자인** 양혜민
마케팅 김성현, 유효주, 이은진, 박예은
경영관리 전선애

펴낸곳 서사원(주) 　**출판등록** 제2023-000199호
주소 서울시 마포구 성암로 330 DMC첨단산업센터 713호
전화 02-898-8778 　**팩스** 02-6008-1673 　**이메일** cr@seosawon.com

　홈페이지　　인스타그램

ⓒ 안정은, 2025

ISBN 979-11-6822-421-6　03190

- 이 책은 저작권법에 따라 보호를 받는 저작물이므로 무단 전재와 무단 복제를 금지합니다.
- 이 책 내용의 전부 또는 일부를 이용하려면 반드시 저작권자와 서사원 주식회사의 서면 동의를 받아야 합니다.
- 잘못된 책은 구입하신 서점에서 바꿔 드립니다. • 책값은 뒤표지에 있습니다.

 서사원은 독자 여러분의 책에 관한 아이디어와 원고 투고를 설레는 마음으로 기다리고 있습니다. 책으로 엮기를 원하는 아이디어가 있는 분은 서사원 홈페이지의 '출간 문의'로 원고와 출간 기획서를 보내주세요. 고민을 멈추고 실행해보세요. 꿈이 이루어집니다.

나의 가능성은 달리기에서 시작되었다

결국 해내는 사람들을 위한 러닝 철학

우정은 지음

| 프롤로그 |

삶의 중요한 순간마다
나를 일으켜준 달리기

살면서 가끔 이런 생각이 들 때가 있다.

"지금 잘하고 있는 걸까?"

"계속 이렇게 가도 괜찮을까?"

"나는 어디로 가고 있는 걸까?"

아무리 열심히 살아도 때로는 불안에 휩싸이고, 내가 가고 있는 방향이 맞는지 고민하게 된다. 나도 그랬다. 아니 지금도 그렇다. 그런데 신기하게도 답을 찾을 때마다 언제나 그 자리에 '러닝'이 있었다. 처음 달리기를 시작한 건 그냥 살고 싶어서였다. 그런데 점점 달리기가 인생과 참 닮아 있다고 느껴졌다. 한 걸음 한 걸음 내디딜 때마다 깨달았다.

"한번에 끝까지 달릴 필요는 없어. 중요한 건 계속 나아가는 거야."

"어제보다 단 1cm라도 성장하면 된 거야."

"쉬어도 괜찮아. 하지만 다시 출발선에 서는 게 중요해."

러닝을 하면서 몸이 바뀌었고, 체력이 좋아졌고, 무엇보다도 나 자신을 대하는 태도가 달라졌다. 불가능해 보이던 일들도, 태어나 처음으로 마주한 인생의 큰 변화들도, 시간을 들여 준비하고 한 걸음씩 내디디면 어느새 가능한 일이 된다는 걸 배웠다. 나의 러닝은 단순한 운동이 아니었다. 삶의 중요한 순간마다 나를 앞으로 나아가게 만든 강력한 힘이었다.

솔직히 말하면 그냥 지금 이대로 살아도 큰 문제 없을지도 모른다. 하루하루 흘러가는 대로 살면서 큰 도전 없이 그냥 '적당히' 살아갈 수도 있다. 하지만 나는 '적당히' 살고 싶지 않다. 내가 꿈꾸는 삶을 내 발로 직접 달려가고 싶었다. 도전을 멈추면 나도 멈춘다. 새로운 도전을 할 때마다 성장하고, 조금 더 단단해지고, 조금 더 자유로워진다. 도전하는 삶이 곧 살아 있는 삶이라는 걸 러닝을 통해 배웠다. 그리고 이 책을 통해 살아 있는 그 이야기를 나누고 싶다.

나는 평범하다. 그렇기에 이 책은 특별한 사람의 성공담이 아니다. 그저 달리고 넘어지고 다시 일어서면서 깨달은 것들이다. 우리는 모두 달릴 수 있다. 빠르게 달릴 필요는 없다. 러닝이 아니어도 괜찮다. 나만의 속도로 나만의 방식으로 한 걸음씩 나아가면 된다.

오늘도 고민한다. "지금 잘하고 있는 걸까?" 하지만 이제는 알고 있다. 그 답은 달리는 과정에서 찾을 수 있다는 걸. 이 책은 달리기에 대한 이야기지만, 결국 '나를 성장시키는 법'에 대한 이야기다. 이 책이 당신에게도 그런 작은 용기가 되기를 바란다. 그리고 언젠가 당신도 "한 걸음씩, 계속 나아가고 있어!"라고 스스로에게 말할 수 있기를. 내가 그랬듯이, 당신도 할 수 있다. 이 책을 덮고 난 뒤 당신이 조금 더 나아가고 싶은 마음이 들기를 바란다. 지금 당신의 출발선에 서보자. 당신의 한 걸음이 삶을 바꿀 것이다. 함께 달려보자. 당신의 이야기도 분명 멋질 테니까.

1	2	3
4	5	
6		

①, ②, ③ : 대한민국 최연소로 받은 세계 6대 마라톤 완주 메달

④, ⑤ : 메달이 참 무거웠던 250km 몽골 고비사막 마라톤

⑥ : 눈물 가득한 첫 철인3종 완주

1	2
3	4
	5

①, ② : 달리당과 역사 런 투어
③, ④ : 임신 9개월까지 달렸던 임산부 러닝과 유아차 러닝(캥거루 크루)
⑤ : 비 내리는 날의 탑걸즈 크루

프롤로그
삶의 중요한 순간마다 나를 일으켜준 달리기 004

1장
작은 한 걸음에서 시작하다

위대한 도전은 한 걸음에서 시작된다 013 | 내 인생의 출발선 '러닝 포인트' 019 | 작은 행동이 큰 변화를 만든다 024 | 무기력에서 벗어나는 가장 쉬운 방법 027 | 나와의 싸움에서 이기는 법 034 | 끈기보다 끊기가 필요할 때 040 | 불확실성에 대처하는 방법 047 | 인생을 바꾸는 강력한 힘 053 | 관성의 힘은 생각보다 강력하다 059 | 실패는 나를 단단하게 만든다 062 | 굴곡이 있기에 달릴 수 있다 068 | 결국 해내는 사람들의 법칙 073

2장
나만의 길을 개척하다

세계 6대 마라톤에 도전하다 081 | 행복은 꿈꾸는 과정에 있다 088 | 스스로 내 삶을 디자인하다 093 | 나를 특별하게 만드는 브랜딩 기술 101 | 글을 쓰는 사람은 길을 잃지 않는다 109 | 베이킹으로 다시 일어서다 115 | 빵과 러닝으로 사람을 연결하다 121 | 250킬로미터와 250만 원 126 | 불가능을 가능으로 바꾸다 132 | 엄마 러너로 더 강력해지다 137

3장
나를 사랑하는 법을 배우다

탑걸즈 크루, 세상의 시선을 뛰어넘다 147 | 나를 사랑하는 법을 배우다 153 | 이제는 나를 응원할 차례 159 | 진정한 마라톤 유아차 달리기 164 | 캥거루는 늘 아기와 함께 달린다 170 | 부모가 성장해야 아이도 성장한다 176 | 작지만 뚜렷한 목표를 꾸준히 쌓아가자 183 | 불안을 없애는 가장 좋은 방법 191 | 좋아하는 일을 지속하는 힘 196

4장
나만의 속도로 달린다

권태는 끝이 아니라 터닝 포인트다 205 | 나를 돌보는 것은 삶을 돌보는 것이다 213 | 나만의 시간을 확보하는 방법 219 | 진심을 다한 레이스에 꼴등은 없다 224 | 무게중심은 '나'에게 있어야 한다 230 | 내 길은 내가 결정한다 237 | 질투에서 자유로워지는 방법 244 | 명사가 아닌 동사의 삶을 살자 249 | 막연한 꿈을 현실로 만드는 법 255 | 감사하는 태도가 삶을 바꾼다 263 | 운은 내가 끌어당기는 것이다 268 | 불평을 멈추는 순간 달라지는 것들 275 | 자신을 믿는 사람이 끝까지 갈 수 있다 280 | 함께 달려야 더 멀리 간다 285

에필로그
피니시 라인은 또 다른 시작점이다 290

1장 작은 한 걸음에서 시작하다

"길을 떠나는 것은
자기 자신을 찾는 일이다."

_심리학자 캐럴 드웩

위대한 도전은
한 걸음에서 시작된다

새벽 공기는 차갑지만 긴장감에 몸은 뜨겁게 달아올라 있다. 땀이 날 것을 대비해 가볍게 입은 옷이 바람에 펄럭인다. 동동 구르는 다리는 마치 출발을 기다리는 경주마처럼 엔진을 예열하고 있다. 두 손을 가볍게 털며 깊이 숨을 들이마신다. 공기 속에는 수많은 러너의 에너지가 가득하다. 땀과 에너지 젤, 머리끈에 묻은 샴푸 향이 뒤섞인 아침 공기 속에서 어깨에 닭살이 돋는다. 심장은 쿵쾅거리고, 다리는 가볍게 떨린다.

등 뒤로 들려오는 웅성거림, 숨을 가다듬는 소리, 가끔 터지는 웃음이 묘한 긴장감을 더한다. 사회자의 출발 신호에 맞춰 각자의 방식으로 긴장과 설렘을 표출한다. 허벅지를 두드리며 몸을 깨우는 사람, 친구와 셀카를 찍으며 이 순간을 기록하는 사람, 두 손을 모아 기도하는 사람. 우리는 그렇게 출발선을 맞이하고 있다.

"Three, two, one!"

카운트다운과 함께 심장이 크게 요동친다. 출발 총성이 울리자 앞사람들이 파도처럼 움직이기 시작한다. 첫걸음부터 허벅지에 힘이 차오르고, 팔을 뒤로 돌리자 이완된 근육들이 반응한다. 옆 러너들의 발소리가 규칙적으로 들려오고, 바람이 피부를 스친다. 이제 시작이다. 더 이상 망설일 필요도 고민할 이유도 없다. 한 걸음 한 걸음 달리기만 하면 된다.

500번도 넘게 스타트라인에 서봤지만 매번 긴장되고 떨린다. 300명의 특수부대원들이 나만 쳐다보고 있는 강단, 경기도지사님에게 올해의 경기도민 표창을 받기 위해 대기하고 있는 무대 뒤편, 스카이다이빙을 하기 위해 올라탄 상공 4,000m의 헬기 발판 위 등 30여 년 동안 수많은 곳에 서 봤지만, 가장 아찔하면서도 설레는 곳이 바로 이곳 스타트라인이다. 그곳에 서는 순간 '살아있다!'는 느낌이 든다.

마라톤의 스타트라인이 아니더라도, 설레는 시작의 순간들은 삶 속에 늘 존재한다. 첫 출근 날 다려둔 정장을 입으며 거울 앞에서 자기소개 연습을 할 때, 부모님의 둥지를 떠나 처음 독립할 때, 스무 살이 되는 새해 첫날 당당하게 첫 술을 마실 때, 운전면허를 따고 아빠 차를 빌려 처음 도로에 나설 때, 짝사랑하던 이에게 고백

쪽지를 건넬 때, 내 이름이 걸린 가게 간판이 올라갈 때, 8시간 진통 끝에 처음으로 '엄마'가 되었을 때. 이런 순간들은 2배속으로 흐르는 것처럼 선명하게 기억된다. 돌이켜보면 모든 '처음'은 설레고 값진 경험이었다. 그 시작이 있었기에 이제는 한 손으로 능숙하게 운전하고, 혼자서도 집안일과 요리를 해내고, 힘든 하루를 마무리하며 맥주 한 잔에 스스로를 토닥일 수 있게 되었다. 어떤 출발선은 스스로 선택한 것이었고, 어떤 출발선은 타의로 밀려나기도 했다. 모든 시작이 기억에 남는 것은 아니지만, 그 순간들이 나를 더 단단하게 만들었다는 것만은 확실하다.

망설이지 않고 시작하는 법

'시작'은 두려움의 대상이 아니다. 오히려 앞으로의 삶을 움직이게 해줄 설레는 원동력이다. 그렇다면 꽁꽁 얼어붙은 발을 깨우려면 어떻게 해야 할까?

1. 완벽한 순간을 기다리지 말자.

우리는 종종 "완벽한 타이밍에 시작해야 해"라고 생각하지만, 완벽한 시작이란 없다. 내일부터 하겠다는 말은 결국 '다음 달', '내년', '언젠가'로 변해버린다. 스타트라인에서 너무 많은 걸 고민하면 종성이 울려도 빌을 떼지 못한다. 그냥 시작해보자.

2. 실패에 대한 두려움은 나중에 생각하자.

첫 마라톤을 앞두고 고민한다. "과연 할 수 있을까?", "중간에 포기하면 창피하지 않을까?" 하지만 현실은? 길거리에서 넘어져도 대부분의 사람은 내게 관심이 없다. 만약 완주한다면? 그때는 모두 감탄할 것이다.

3. 비교의 늪에 빠지지 말자.

SNS를 보면 다들 성공한 것처럼 보인다. 늘 나만 뒤처지고 처량하기 짝이 없다. 하지만 모든 새로운 시작의 출발선에서는 모두가 같은 위치에 서 있다. 중요한 건 누가 먼저 시작하느냐다.

4. 영원한 준비생이 될 것인가?

러닝화, 러닝복, 훈련법… 준비만 하다가 정작 달려보지 못하는 경우가 많다. 집에 새 상품 꼬리표를 떼지도 못한 옷가지나 취미용품들이 얼마나 많은가. 책으로 달리기를 읽는 것은 마라톤 완주에 도움이 되지 않는다. 책으로 수영을 읽는 것은 물속에서의 호흡에 도움이 되지 않는다. 완벽한 준비보다 중요한 건 '첫 발을 내딛는 것'이다.

5. 타이밍 핑계를 버리자.

"바빠서…", "돈이 없어서…", "여유가 없어서…" 하지만 완벽한 타이밍은 오지 않는다. 마라톤에서도 100% 컨디션으로 뛰는 사람은 거의 없다. 일단 시작하면 생각보다 잘 해낼 수 있다. 고민은 줄이고, 망설이지 말고, 그냥 뛰어보자. 모든 위대한 도전은 첫 발을 내딛는 순간 시작된다.

출발선이 있기에, 피니시 라인이 있다

달리기는 그 어떤 수업보다 나에게 값진 것을 가르쳐주었다. 출발선에 서는 것이 생각보다 큰 용기가 필요하지 않다는 것. 오늘을 살아가고 즐기는 것 자체가 '도전'이라는 것. 완벽하게 준비하지 못했는데도 결국 완주했다. 그리고 피니시 라인에서 또 다른 스타트 라인을 검색하고 있었다. 당신이 상상하는 최악의 상황도 막상 겪어보면 그리 나쁘지 않다.

첫 시작은 언제나 눈물과 콧물 범벅이었다. 첫 풀코스 마라톤을 완주한 날, 5시간 동안 응원해준 언니 품에 안겨 펑펑 울었다. 첫 50km 울트라 산악 마라톤을 완주했을 때는 손과 다리가 덜덜 떨릴 정도로 울었다. 첫 철인 3종 경기를 마쳤을 때는 "살아서 돌아왔다!"며 바닥에 주저앉아 흐느꼈다.

그런데 신기한 일이 생겼다. 두 번째 풀코스 마라톤에서는 카메라를 보며 손을 흔들었고, 두 번째 50km 울트라 마라톤을 완주했을 때는 메달을 깨물며 환희의 미소를 지었다. 두 번째 철인 3종 경기에서는 자전거를 들고 꽃밭에서 사진을 찍는 여유까지 생겼다.

첫 경험이 없었다면 그다음의 나도 없었다. 처음은 언제나 낯설고 벅차지만, 그 경험이 있었기에 '다음엔 더 잘해보자'는 다짐이 생겼고 새로운 꿈이 피어났다. 그리고 지금의 내가 되었다. 나를 '러닝 전도사'로 이끌어준 출발선 그것은 바로 그때였다.

다른 사람들보다 고통에 둔감하거나 고민과 슬픔이 없는 게 아니다. 오히려 평범하기 그지없다. 어쩌다 글을 잘 써서 전교생 앞에서 수학여행 소감문을 읽게 된 날 양처럼 벌벌 떨며 내려왔다. 취업에 몇 번 실패하자 1년 동안 집 밖에서 나오지 않고 은둔 생활을 했다. 친구는 많아야 두세 명. 내가 가장 잘하는 일은 포기하는 것이라고 생각했다. 하지만 출발선은 익숙해질 수 있는 것이었다. 반복되는 삶이 익숙해지듯이, 초콜릿처럼 달콤함도 무뎌지듯, 출발선도 계속 마주하다 보면 더 이상 두렵고 피해야 하는 존재가 아니라 설레고 기대되는 존재가 된다.

출발선은 대나무의 첫 마디와 같다. 마디가 있기에 대나무는 더 튼튼하고 높이 자란다. 출발선 또한 나를 더 강하게 만들고 성장시킨다. 그 출발선을 피하려고도, 막연히 나에게 다가오길 기다려서도 안 된다. 오히려 더 적극적으로 찾아야 한다. 희미하게 보이면 또렷하게 보려고 노력하고, 아예 보이지 않는다면 내가 직접 발밑에 선을 그어 출발선을 만들자.

기억해야 할 것은 하나.

출발선이 있기에 도착선도 존재한다.

내 인생의 출발선 '러닝 포인트'

졸업이 끝이 아니라 또 다른 시작이라는 것을 그 누구도 제대로 알려주지 않았다. 회사에 들어간 지 며칠 만에 깨달았다. '내가 이렇게까지 작고 무기력한 사람이었구나.' 대학교에서 4년간 컴퓨터공학을 전공했지만, 단 5일 만에 적성이 맞지 않는다는 사실을 알게 됐다. 컴퓨터에 소질이 있거나 꿈이 있어서 전공을 선택한 것은 아니었다. 그저 성적에 맞춰 조금이라도 서울과 가까운 대학교에 진학하기 위해 세운 전략이었다. 입시 전문가였던 당시 고3, 담임 선생님의 전략은 통했다. 특별전형에 추가합격까지. 그런데 취업한 지 6개월 만에 정규직 전환은 시도해보지도 못한 채 퇴사했다. 그렇게 개발자로서의 삶은 조용히 끝이 났다.

아직 늦지 않았다고 믿었기에 한 달간 유럽 여행을 떠났다. 혼자 깊이 고민한 끝에 선생님이 사회가 정해준 길이 아닌 '내가' 정한 길을 가기로 했다. 어릴 때부터 꿈꿨던 '승무원'. 사실 고등학생 때도 승무원학과를 진학하고 싶었지만 선생님의 반대에 부딪혀 하루 만에 꿈을 접었다. 이번에는 다짐했다. "이 길을 선택한 건 온전히 나니까, 끝까지 해보자." 처음부터 다시 시작했다. 영어와 중국어 공부, 구두 신고 걷기, 발성 연습, 미소 짓기, 다이어트까지. 1년간 승무원이 되기 위해 악착같이 준비했다. 두 번 실패 하고 싶지 않은 간절함 때문이었을까. 독학으로 HSK 5급을 높은 점수로 취득했고, 중국인과 자유롭게 대화할 수 있을 정도로 성장했다. 대학 4년간 공부한 것보다 훨씬 재미있었다. 그리고 당당하게 중국 H항공사에 최종 합격했다.

운명의 장난과 멈춰버린 시간

중국에서 신체검사도 통과했고, 최종 오리엔테이션까지 마쳤다. 남은 건 베이징으로 떠나 가슴에 윙 배지를 다는 일뿐이었다. 더 이상 의심할 여지가 없었다. 한국으로 돌아와 가족들과 합격 축하 파티를 열며 떠날 준비를 하고 있었다. 초에 불을 켜고 끄려는데 TV에서 '사드 배치' 뉴스가 흘러나왔다. 그게 내 인생을 바꿀 거라고는 상상도 못한 채 짐을 꾸렸다. 한국인 합격생은 총 200명이었다. 비자 발급 예정 날짜가 지나도록 그 누구도 비자를 받지 못했다. 뉴스를 다시 찾아봤다. 한한령(限韓令)으로 중국 내 한국 마트와 식당들이 줄줄이 폐업했다. 요우커(중국 관광객) 발길이 끊기면서 여행 산업도 직격탄을 맞았다. 한국인들의 중국 취업 비자 발급이 중단되었다. 회사의 인사 담당자는 "곧 해결될 거니 걱정 말라"고 했다. 안심하며 중국어 회화 책을 보면서 출국할 날을 기다렸다.

하지만 한 달, 6개월, 1년….

짐을 싸둔 캐리어는 여전히 방 한구석에 놓여 있었다. 중국에서 받은 기념품 비녀는 책상 위에서 먼지만 쌓여갔다. 나는 그대로 한국에 남았다.

처음 한 달은 친구들을 만나며 시간을 보냈다. 어느 날 친구가 말했다.

"너 합격한 거 거짓말 아니야? 왜 아직도 한국에 있어?"

"합격했다고 거짓말하고 다른 데 준비하는 거지?"

얼굴이 화끈거렸다. 어떻게 변명해야 할지 몰라서 친구들을 점점 피하게 되었다. 친척 어른을 만나면 이런 말을 들었다.

"사기 당한 거 아니야?"

"그 회사, 정말 있는 거 맞아?"

속이 까맣게 타들어갔다. 눈물이 터져 나올 것 같았지만 애써 참았다. 그날 이후 마음의 문을 닫았다. 사람들을 만나지 않았다. 집 밖으로 나가는 것도 점점 꺼려졌다. 정말 아무것도 아닌 사람이 되어버린 것 같았다.

그렇게 1년 동안 집 밖에 나오지 못한 채 은둔 생활을 했다. 스물다섯 살, 방문조차 나서지 못했다. 두 번째 도전은 달라질 거라며 부모님을 설득했고, 이번엔 반드시 해내겠다고 다짐했지만 결국 아무것도 이루지 못한 채 다시 무너졌다. 부모님과 마주할 면목조차 없었다. 밥상 앞에 앉아 있을 용기도, 할 말도 없어서 식사도 함께하지 않았다. 더 무서웠던 건 이번엔 내 부족함 때문이 아니라는 사실이었다. 아무도 예상하지 못한 거대한 국제적 사건 앞에서 무력감에 빠졌다. 매일 울었고 울다 지쳐 잠들었다. 할 수 있는 건 단 하나, 금요일마다 비자를 기다리는 것뿐이었다. 하지만 그조차도 날 점점 더 작아지게 만들었다. 기대가 클수록 실망도 컸다.

언제 마지막으로 머리카락을 손질했는지 기억조차 나지 않을 정도로 자랐고, 계절의 변화도 느끼지 못했다. 오랜만에 빼꼼 열어본 커튼 너머로 봄이 훌쩍 다가왔음을 깨달았다. 모두 출근한 늦은 오전, 무슨 용기였는지 모르지만 아무도 없는 틈을 타 운동화를 신고 밖에 나섰다. 봄바람이 살랑 불더니 눈물이 한 방울 흘렀다. 그리고 이내 펑펑 쏟아졌다. 삼삼오오 산책하는 사람들, 뛰어노는 아이들이 나를 쳐다보며 비웃는 것만 같았다. 온몸이 벌거벗겨진 기분이었다. 또다시 도망쳤다. 사람들이 보이지 않는 곳으로, 어두운 곳으로. 초봄인데도 식은땀이 났다. 눈물을 숨기기 위해 더 달렸다. 땀이 흐르면 눈물이 티 나지 않을 것 같아서.

5분쯤 달렸을까. 사람이 한 명도 없는 곳까지 도망쳐 왔다. 목이 타들어 갔다. 피 맛이 나는 듯했다. 심장은 미친 듯이 뛰었고, 다리는 후들거려 제대로 서 있을 수조차 없었다. 머리는 핑 돌았다. 결국 바닥에 주저앉았다. 거친 숨을 몰아쉬며 들숨과 날숨을 반복했다. 들숨에 땀 냄새를 들이마시고, 날숨에 친구의 가시 같은 말이 사라졌다. 들숨에 흙냄새를 들이마시고, 날숨에 스스로를 탓하던 죄책감이 사라졌다. 그렇게 한참 숨을 고르다 보니 다시 일어설 힘이 생겼다. 무릎을 툭툭 털었다. 그제야 내가 얼마나 멀리 달려왔는지 보였다. 집에서 단 5분 거리를 달려왔을 뿐이었지만, 그 길이 내겐 1년이 걸린 거리였다. 그날 밤 피곤했던 탓인지 오랜만에 깊은 잠을 잤다.

다음 날 다시 운동화를 신었다. 어제와 같은 길을 이번엔 6분 동안 달렸다. 여전히 토할 것 같았지만, 어제보다 나아졌다는 성취감이 있었다. 다음 날은 7분. 여전히 죽을 것 같았지만 죽지는 않았다. 세상에서 가장 쓸모없는 사람이라 생각하며 매일 눈물로 보냈던 내가 이제는 할 수 있는 일이 생겼다는 느낌이 들었다. 그리고 깨달았다. 울면서 달렸던 그날이 내 인생의 출발선이었다.

나는 그날을 '러닝 포인트'라고 부른다.

작은 행동이
큰 변화를 만든다

"5분으로 뭘 할 수 있겠어?"

많은 사람이 이렇게 생각한다. 하지만 5분은 결코 짧지 않다. 단 5분 안에 세상이 변하고 삶의 방향이 바뀔 수도 있다. 인류 역사상 가장 중요한 순간들이 불과 몇 분 몇 초 만에 이루어졌다. 세계 1위 스프린터가 탄생하기까지 10초가 걸리지 않았다. 2009년 베를린 세계 육상선수권 대회에서 우사인 볼트는 100m 레이스에서 9.58초 만에 결승선을 통과했다. 인류 역사상 가장 빠른 100m 기록이며 지금까지도 깨지지 않은 세계 기록이다. 단 9.58초 만에 스포츠 역사는 새롭게 쓰였고, 그는 '번개'라는 별명을 얻으며 전설이 되었다.

1903년 12월 17일, 오빌 라이트와 윌버 라이트 형제는 최초의 비행기를 타고 하늘을 날았다. 비행 시간은 단 12초. 이 시도는 인류의 이동 방식을 완전히 바꾸었다. 불가능하다고 여겨졌던 비행은 이제 일상이 되었다. 100년이 지난 지금 우리는 지구 반대편을 몇 시간 만에 갈 수 있으며, 우주를 탐사하는 시대에 살고 있다. 5분도 되지 않은 첫 비행이 인류의 한계를 우주로 확장한 것이다.

긴급한 상황에서는 단 몇 분이 생사를 가른다. 심폐소생술(CPR)의 골든타임은 4분. 심장이 멈췄을 때 4분 이내에 심폐소생술을 하면 생존율은 2~3배 높아진다. 5분 안에 조치하지 않으면 뇌 손상이 시작되고, 10분이 지나면 생존 확률이 급격히 떨어진다. 생명을 살리는 5분, 누군가는 간절하고 또 간절한 5분일 수 있다.

'5분 달리기로 어떻게 인생을 바꾸냐'고 할 수도 있다. 하지만 첫 5분이 6분이 되고, 10분이 되고, 결국 풀코스를 완주하게 만든다. 무기력함에 빠졌던 시절, 처음부터 "풀코스를 달려야겠다"고 결심했다면 아마 포기했을 것이다. 기회만 기다리다 타이밍만 보다가 결국 한 걸음도 내딛지 못했을 것이다. 하지만 나는 5분부터 시작했다. 솔직히 말해 처음 5분 달리기는 너무 버거웠다. 하지만 참아낼 수 있을 만큼의 거리였다. 다음날은 "어제보다 1분만 더 뛰어보자"라는 작은 목표를 세웠다. 5분 더 뛰는 건 못할 짓이었지만 1분 정도는 더 달릴 수 있을 것 같았다. 그렇게 5분이 6분이 되고 10분이 30분이 되었다. 처음엔 겨우 5분을 버텼던 내가 몇 달 후 풀코스를 완주했다. 그때 깨달았다. 작은 행동이 결국 큰 변화를 만든다.

5분의 작은 행동이 긴 변화를 만들어낸다. 5분 스트레칭만으로도 굳어 있던 몸이 깨어나고 정신이 맑아진다. 그렇게 깬 몸과 정신으로 침대에 누워 핸드폰만 보던 1시간을 생산적인 시간으로 바꿀 수 있다. 5분이면 하루 목표를 점검하고 생각을 정리하거나 감사 일기를 쓸 수 있다. 처음에는 단순한 메모 같지만, 하루하루 쌓이면 한 권의 책이 될 수도 있다. 5분 동안 TED 강연을 보거나 영어 단어 5개를 외우면, 1년 후에는 1,825개의 단어를 익히고 새로운 통찰을 얻을 수 있다. 5분은 사랑을 표현하기에도 충분한 시간이다. 친구에게 안부 메시지를 보내거나 아이와 눈을 맞추고 이야기를 나누고 꼭 안아줄 수 있다. 부모님에게 전화를 걸어 하루를 살아갈 또 다른 큰 힘을 전해줄 수도 있다.

우리는 종종 "언젠가 해야지"라고 말하지만, 그 '언젠가'는 오지 않는다. 하지만 그 언젠가는 바로 오늘 지금 이 5분 안에 있다. 단 5분만 투자해도, 내 삶은 조금씩 달라진다. 5분 동안 움직이고 배우고 사랑을 표현하고 세상을 변화시키는 작은 행동을 해보자. 지금 당신의 5분을 어떻게 사용할 것인가? 작은 출발이 결국 인생을 바꾼다. 모든 시작은 작아야 한다. 완벽하게 시작할 필요 없다. 시작해야 완벽을 경험할 수 있다. 오늘부터 가장 작은 한 걸음을 내디뎌보자.

무기력에서 벗어나는
가장 쉬운 방법

"아무것도 하기 싫어. 그냥 가만히 있자."

가만히 있는 시간이 길어질수록 머릿속에는 불안과 걱정이 꼬리를 문다. 무기력함에서 벗어나려면 생각을 끊고 몸을 움직여야 한다. 달리지 않아도 괜찮다. 단 5분만이라도 걷고, 햇빛을 쬐고 손을 움직이는 것만으로도 충분하다.

1. 몸을 움직이면, 생각의 고리가 끊어진다

한번 불안한 생각이 들면 그 생각이 꼬리에 꼬리를 문다.

"왜 이렇게 의욕이 없지?" → "이러다 아무것도 못하는 건 아닐까?" → "다들 열심히 사는데 나는 뭐하고 있는 거야?" → "나는 형

편없어!"

이런 생각들에 무기력함은 더 깊어진다. 하지만 몸을 움직이면 머릿속의 불안한 생각들의 연결고리가 끊어진다. 단 5분만 걸어도 기분이 달라진다. 걷는 동안 불안했던 감정이 줄어든다. 스트레칭만 해도 긴장했던 근육이 풀리고 몸이 가벼워진다. 가볍게 청소를 해보자. 단순한 손의 움직임이 정신을 맑게 해준다. 방 정리를 하면 생각도 정리된다. 설거지를 하거나 빨래를 개거나 창문을 닦는 것도 좋다. 손을 움직이는 동안 머릿속의 불안이 줄어든다. 작은 움직임 하나가 무기력에서 벗어나는 시작이 될 수 있다.

2. 햇빛을 쬐면 기분이 달라진다

햇빛을 보면 세로토닌(행복 호르몬)이 증가해 기분이 좋아진다. 일조량은 자연 항우울제다. 햇빛을 쬐지 않으면 몸이 피곤하고 우울감이 커질 수 있다. 무기력과 불면증은 서로 영향을 주고받는 관계다. 아침에 커튼을 열고 햇빛을 온몸으로 마주해보자. 베란다나 마당이 있다면 잠깐이라도 나가보자. 산책하면서 햇빛을 쬐면 기분이 훨씬 가벼워진다. 실내에서만 생활한다면 창가에서 햇빛을 받으며 책을 읽어보자. 햇빛을 많이 쬘수록 불안감이 줄어들고 활력이 생긴다.

3. 좋아하는 음식과 향기로 감각을 깨우자

무기력할 때는 감각이 둔해진다. 이럴 때 좋아하는 음식이나 향기를 활용하면 뇌가 깨어난다. 초콜릿을 한 조각 먹어보자. 다크초콜릿은 기분을 좋게 하는 세로토닌을 증가시킨다. 따뜻한 차 한 잔을 마셔보는 건 어떤가. 캐모마일 차, 녹차, 허브차는 긴장을 풀어준다. 고소한 견과류, 상큼한 과일도 기분을 전환하는 데 도움이 된다. 향기로 감각을 깨우는 방법도 있다. 라벤더, 오렌지, 페퍼민트 향은 기분을 안정시키고 활력을 준다. 디퓨저나 향초를 피워보자. 은은한 향이 공간을 감싸면서 기분이 편안해진다. 샤워할 때 아로마오일을 사용하면 스트레스가 풀린다. 향기와 맛은 감각을 깨우고 몸과 마음을 가볍게 만들어준다.

4. 호흡에 집중하면 불안한 감정이 줄어든다

무기력할 때는 숨이 얕아지고 긴장감이 쌓이기 쉽다. 이럴 때는 호흡에 집중해보자. 5초간 천천히 코로 숨을 들이마시고 3초 동안 숨을 멈춘다. 5초 이상 입으로 길게 내쉰다. 이 과정을 5~10회 반복한다. 숨을 깊게 쉬면 몸의 긴장이 풀리고 불안한 감정이 가라앉는다. 호흡을 조절하는 것만으로도 무기력한 상태에서 벗어날 수 있다.

5. 기분 좋았던 행동을 하나씩 해보자

몸이 가는 대로 마음도 따라 온다. 이전에 나를 기분 좋게 만들었던 작은 행동들을 하나씩 다시 해보자. 볕이 잘 드는 창가에 앉아 따뜻한 아메리카노 한 잔과 애플 시나몬 에그타르트를 즐기며 책을 읽는다. 깨끗하게 정리된 책상을 보며 뿌듯한 기분을 느껴본다. 새 양말을 꺼내 신으며 포근한 감촉을 느껴본다. 숲속 길을 거닐거나 맑은 하늘을 넋 놓고 바라본다. 핵심은 내면에 갇혀 있던 시선을 바깥으로 돌리는 것. 모든 감각을 활용해 '지금 이 순간'에 집중하면 머릿속을 채웠던 불안과 무기력이 서서히 사라진다. 말없이 할 수 있는 연탄 나르기 같은 봉사활동도 도움이 된다. 몸을 움직이며 누군가를 돕는 순간 나 자신의 고민에서 벗어나 더 넓은 세상을 바라볼 수 있게 된다.

6. 낮잠을 줄이고 잠들기 전의 감정과 마음가짐에 집중하자

무기력할 때 낮잠을 많이 자면 오히려 더 피곤하고 의욕이 사라진다. 정말 피곤해서 자는 낮잠은 괜찮지만 무기력해서 자는 낮잠은 더 가라앉게 만들 뿐이다. 10~20분 이내로 제한하면 개운하게 깰 수 있지만, 30분 이상 자면 더 무기력해질 수 있다. 낮잠을 줄이고, 가벼운 산책이나 스트레칭을 하며 몸의 활력을 되찾자.

잠들기 전의 감정과 마음가짐이 다음 날의 기분을 결정한다. 불안한 생각을 하며 잠들면 다음 날도 무기력함이 반복될 가능성이 크다. 하루의 좋은 순간을 떠올려보자. 감사 일기를 쓰거나 기분 좋은 상상을 하면서 잠들면 긍정적인 감정이 쌓인다. 수면 전 감정을 다스리는 것만으로도 무기력에서 벗어나는 데 큰 도움이 된다.

7. 완벽하지 않음을 받아들이자

무기력은 종종 "완벽해야 한다"는 부담감에서 비롯된다. 매일 조금씩 성장하고 진전할 수 있는 이유는 내가 완벽하지 않음을 받아들였기 때문이다. 세상에 완벽한 사람은 없다. 모든 것을 완벽하게 해내려는 기대를 내려놓아야 한다. 작은 실수도 괜찮고 계획한 일을 다 하지 못해도 괜찮다. 중요한 것은 완벽함이 아니라 꾸준히 나아가는 것이다. "일단 해보자"는 마음으로 가볍게 시작하면 무기력함에서 벗어나는 첫걸음을 내디딜 수 있다. 알아차리기는 꼬리에 꼬리를 무는 생각과 부정적인 감정에서 빠져나올 수 있다.

8. 작은 목표를 만들어 실천해보자

무기력한 상태에서는 모든 일이 버겁게 느껴진다. 그럴 때는 아주 작은 목표부터 시작하자. "5분만 산책해보자", "책 1페이지만 읽어보자", "스트레칭을 1분만 해보자", "커피 한 잔 마시면서 오늘 하고 싶은 일 하나만 적어보자" 처음부터 완벽할 필요 없다. 작은 목표 하나를 달성하면 몸과 마음이 조금씩 움직이기 시작한다.

결국 무기력에서 벗어나는 방법은 '조금이라도 움직이는 것'이다. 이 모든 것을 한 번에 가장 쉽고 효과적으로 해낼 수 있는 방법은 30분 걷기다. 햇빛을 쬐며 몸을 움직이면 자연스럽게 신선한 공기가 폐로 들어오고, 깊은 호흡과 함께 몸이 깨어난다. 무엇보다도 "해냈다"는 작은 성취감이 쌓인다. 자존감이 바닥을 치고 깊은 무기력에 빠졌던 나는 나를 다시 끌어올릴 방법을 찾기 위해 여러 가지 실험을 해봤다. 그 과정에서 깨달았다. 가장 간단하면서도 지금 당장 시작할 수 있으며 큰 노력이나 돈이 들지 않는 방법이 30분 걷기라는 것을. 아무리 멋진 목표와 계획이 있어도, 나를 응원하는 사람이 많아도, 내가 움직이지 않으면 아무 의미가 없다.

단, 주의사항이 있다. 핸드폰을 보면서 걸으면 효과가 반감된다. 소파에 누워 핸드폰을 보는 것과 다를 바 없다. 걷는 동안만큼은 온전히 '지금 이 순간'에 집중해야 한다. 음악보다는 자연의 소리를 들어보자. 새소리, 바람 소리, 심지어 공사 소리도 좋다. 주변 소리에 귀를 기울이면 깊이 사색할 수 있다.

30분을 쉬지 않고 걸어낼 체력을 기르면 그 다음은 5분 달리기, 조금 더 도전적인 목표도 가능해진다. 달리기 전 걷기는 단순한 운동이 아니다. 무기력을 극복하고 삶의 주도권을 되찾는 가장 기초적인 체력 훈련이다.

맹자는 말했다. "길이 어려운 것이 아니라 마음이 어려운 것이다." 마음을 움직이려 애쓰지 말자. 몸을 먼저 움직이자. 마음이 무너지면 몸도 무너진다. 몸이 일어나면 마음도 따라 일어난다. 생각은 통제할 수 없어도 몸은 통제할 수 있다. 무기력 상태를 벗어나고 싶다면, 생각을 멈추고 몸을 움직이는 것부터 시작해보자. 지금, 당장! 작은 행동 하나도 좋다.

우리는 터닝 포인트를 거창한 사건으로 생각하지만, 사실 아주 사소한 변화에서 시작된다. 터닝 포인트는 누군가가 정해주는 것이 아니라 스스로 만들어가는 것이다. 나에게는 '러닝 포인트'가 터닝 포인트였다. 당신에게는 지금 이 순간의 작은 움직임이 당신을 다시 살아있게 만들 '터닝 포인트'가 될 것이다.

나와의 싸움에서
이기는 법

집에는 500개가 넘는 마라톤 완주 메달이 있다. 10년 동안 500번 넘게 출발선에 섰다. 그렇다면 그중 포기하고 집으로 도망친 적은 몇 번이나 될까? 중간에 걷거나 멈춘 적은 있어도 포기한 적은 없다. 체력이 좋아서일까? 아니다. 사실 매순간 집으로 돌아가고 싶었다. 1km를 달릴 때마다 포기하고 싶었다. 10km를 뛰면 10번 포기하고 싶고, 42.195km를 달리면 42번 포기하고 싶었다. 250km의 몽골 고비사막 마라톤을 달릴 때는 250번 포기하고 싶었다. 포기하고 싶은 순간은 언제나 있었다. 하지만 그 순간을 넘겼다. 어떻게 가능했을까?

 삶에서 가장 치열한 싸움은 '남과의 경쟁'이 아니다. '나 자신과의 싸움'이다. 누군가는 나약한 마음과 싸우고, 또 누군가는 게으름과 싸운다. 어떤 이는 자기 의심과 싸우고, 또 어떤 이는 포기하고 싶은 순간과 싸운다. 하지만 이 싸움에서 이기는 법을 익히면, 원하는 삶을 살아갈 힘을 얻게 된다. 그렇다면 어떻게 하면 나 자신과의 싸움에서 이길 수 있을까?

우리 안에는 두 가지 목소리가 있다.

"너무 힘들어, 그냥 포기해." 또는 "한 번만 더 해보자."

자신과 싸울 때 가장 힘든 것은 '포기하고 싶은 내면의 목소리'와 맞서는 일이다. 이 목소리는 절대 사라지지 않는다. 그러므로 싸우는 방법을 배워야 한다.

마라톤을 뛰는 사람들은 30km 이후에 극심한 고통을 경험한다. 이때 포기하는 사람들과 끝까지 완주하는 사람들의 차이는 '자기 대화' 마인드셋에 있다. "너무 힘들어, 포기할까?"라고 생각하는 사람은 결국 포기하지만, "한 걸음만 더 내딛자"라고 스스로를 설득하는 사람은 끝까지 완주한다. 결국 내면의 목소리를 어떻게 다루느냐가 승패를 가른다.

1. 반환점에서 다시 에너지를 얻는다

마라톤 대회에서는 사람들의 뒷모습만 보고 달린다. 그러다 반환점을 돌아올 때 처음으로 달리는 사람들의 얼굴을 마주한다. 누군가는 얼굴이 달아올라 괴성을 지르고, 누군가는 흐르는 콧물을 닦을 새도 없이 전력을 다해 달린다. 한 사람 한 사람 유심히 보다 보면 순간 깨닫는다. "정말 모든 걸 쏟아내며 달리고 있구나", "나는 저렇게 최선을 다하고 있나? 그냥 적당히 호흡하고, 적당히 다리를 움직이는 것 같은데" 하는 생각이 들면서 다시 에너지를 얻는다. '혼자 달리는 것이 아니구나', '나만 힘든 게 아니구나' 혼자가 아니라 함께 달리고 있다는 사실은 포기할 수 없는 강한 동기가 된다.

2. 피니시 라인에서 기다리는 사람을 떠올려라

달리는 순간에는 철저히 혼자가 된다. 부모님도 친구도 롤모델도 함께해 줄 수 없다. 하지만 피니시 라인에는 나를 기다리는 사람이 있다. 대회 주로 어딘가에서 혹은 집에서 나를 응원하고 믿어주는 사람들이 있다. 그 한 사람을 떠올려보자. "지금 나를 기다리는 사람이 있다", "걷는 한이 있더라도 포기하는 모습을 보여주진 말아야지" 그 존재만으로도 포기하지 않고 한 걸음 더 나아갈 힘을 얻는다.

3. 나는 '국가대표'라고 생각하라

참가번호 256번, 11793번. 수만 명 중 한 명이 아니라, "나는 국가대표다"라고 생각해보자. 왼쪽 가슴에는 태극 마크가 있고, 실시간 생중계로 전 국민이 나를 지켜보고 있다. 걷거나 절뚝거리는 한이 있더라도 포기하지 않을 것이다. '국가대표'라는 책임감은 한 발 더 나아가게 만든다. "나는 국가대표다" 이 한 마디는 나를 끝까지 움직이게 만든다.

　이 세 가지 마인드셋 덕분에 한여름의 숨이 턱 막히는 더위 속에서도, 한겨울의 매서운 추위 속에서도 포기하지 않고 끝까지 달릴 수 있었다. 이 방법은 달리기에만 적용되는 것이 아니다. 일상에서도 끝까지 버티고 나아갈 수 있게 해준다. 일상에서 활용할 수 있는 자세한 방법을 소개한다.

1. 반환점에서 다시 에너지를 얻는다
→ 함께하는 사람들에게서 동력을 얻자

　일이나 공부를 하다가 지치고 포기하고 싶을 때 주위를 둘러보자. 사무실, 도서관, 학교, 학원… 어느 공간이든 자기 자리에서 묵묵히 최선을 다하고 있는 사람들이 있다. "이 사람들은 어떤 사연을 갖고 있을까?" 각자 힘든 상황이 있겠지만, 그럼에도 불구하고 멈추지 않고 나아가고 있다. 내가 힘들어도 혼자가 아니라는 사실을 깨닫는 것만으로도 다시 힘을 낼 수 있다. 다른 사람들이 노력하는 모습은 큰 동기부여가 된다. "혼자가 아니구나"라는 생각은 끝까지 버틸 수 있는 힘이 된다.

2. 피니시 라인에서 기다리는 사람을 떠올려라
→ 나를 응원하는 사람을 떠올리자

업무에 치이거나 책상에서 홀로 공부하고 있으면 모든 것을 혼자 감당하고 있다는 생각이 들 때가 있다. 하지만 결코 혼자가 아니다. 어딘가에서 나를 믿어주고 응원하는 가족과 친구들이 있다. 내가 포기하지 않길 바라고, 끝까지 해내기를 기대하는 사람들이 있다. 많지 않아도 괜찮다. 단 한 사람만 있어도 충분하다. 그 한 사람을 떠올려보자. 가족, 친구, 연인, 혹은 나를 아끼는 선생님일 수도 있다. 그 한 사람을 위해서라도 끝까지 해내는 모습을 보여주고 싶지 않은가? 이 생각만으로도 한 걸음을 더 내디딜 힘이 생긴다.

3. 나는 '국가대표'라고 생각하라
→ 지금 하는 일이 내 분야의 대표가 되는 길이다

지금 하고 있는 일이 무엇이든, "나는 이 분야의 국가대표다"라고 생각해보자. 세상에 하찮은 직업은 없다. 하찮은 태도만 있을 뿐이다. 하기 싫은 일도 "나는 이 분야의 전문가다"라고 생각하면 다르게 보인다. 심지어 화장실 청소도 국가대표급 전문가가 있다면, 그가 쓴 책이 베스트셀러가 되고, 그의 노하우를 배우고 싶어 하는 사람들이 생길 수 있다. 어떤 일이든 자부심을 갖고 임하면 그 일이 자랑스러워진다. 그런 사람은 결국 진짜 최고가 된다.

나는 러닝 코치이자 동기부여 강연가이며 글을 쓰는 사람이다. 내가 하는 모든 일에서 "나는 국가대표다"라고 생각하기 때문에 내 일을 할 때마다 자부심을 느끼고, 열정을 쏟아 붓게 된다. 당신은 어떤 분야에서 국가대표가 되고 싶은가? 아니면 의미 없이 하루를 흘려보내고 싶은가?

  선택은 당신에게 달려 있다. 포기하고 싶은 순간은 늘 우리 곁에 있다. 하지만 그 순간을 넘기면 더 강한 나를 만나게 된다. 오늘 당신은 스스로에게 어떤 말을 건넬 것인가?

끈기보다 끊기가
필요할 때

앞서 얘기했던 H항공사 승무원 배치를 기다리던 매주 금요일이면 유난히 긴장됐다. 중국 비자가 나오는 날이었기 때문이다. 그날 아침이면 핸드폰은 분신처럼 손에서 떠나질 않았고, 일주일 내내 애써 눌러왔던 불안과 초조함이 극도로 차올랐다. 계약직으로 일하던 회사에서는 이 긴장감을 들키지 않으려 애써 태연한 척 안간힘 쓰는 미션의 날이기도 했다. 하지만 마음은 그야말로 태풍 전야였다. 물을 많이 마신 것도 아닌데 한 시간마다 화장실로 달려가 왓츠앱(Whats App) 채팅방을 수시로 들락날락했다. 오늘도 내 이름이 없으면 또 한 주를 지옥 속에서 버텨야 한다.

시간은 무겁게 흘렀다. 오전이 지나고, 점심이 입속에서 굴러다니다 사라졌다. 오후가 지나고 드디어 저녁 6시, 알람이 울렸다. 바들바들 떨리는 손으로 심장이 터질 것 같은 가슴을 부여잡고 화장실로 뛰어갔다. 나보다 먼저 명단을 확인한 합격자들의 메시지가 실시간으로 올라왔다. "와~! 드디어 저도 갑니다!", "○○ 씨 축하해요! 곧 베이징에서 만나요!" 빠르게 올라가는 채팅 속에서 심장은 거세게 요동쳤다. 인사 담당자가 보낸 파일을 열어보았다.

오늘도 네댓 명 남짓. 위에서부터 차례대로 내 이름을 놓치지 않고 찾아내기 위해 심장을 다독거리려 심호흡을 크게 했다. "김○○, 박○○, 서○○, 이○○, 황○○" 다시 눈을 비비며 조금 더 크게 뜬 눈으로 명단을 읽어 보았다. 오늘도 내 이름은 없었다. 축하 메시지가 울려 퍼지는 채팅방 분위기를 더 이상 견딜 수 없어서 화면을 닫아버렸다. 뜨거운 눈물이 양 뺨에 주루룩 흘렀다.

금요일 저녁이면 평소보다 더 멀리 달렸다. 평균 20km. 마음이 더 힘든 날에는 30km까지 한강을 따라 눈물과 함께 달렸다. 그래야 복잡한 마음을 위로할 수 있었다. 봄, 여름, 가을, 겨울. 매주 금요일마다 긴 마라톤 연습을 하며 힘든 감정을 다독였다.

아팠던 크기만큼, 승무원의 길을 포기하지 않고 기다린 시간만큼, 첫 마라톤보다는 잘 달리고 싶었다. 처음 마라톤을 완주했을 때 다시는 안 뛴다고 다짐했다. 이토록 힘든 걸 왜 다시 해야 하나 싶었다. 그런데 어느새 다시 출발선에 서 있었다. 두 번째 도전한 춘천마라톤. 부상 없이 웃으면서 피니시 라인을 넘고 싶었다. 첫 번째 마라톤이 무작정 도전이었다면, 이번엔 어떤 고비를 넘겨야 하는지 이미 알고 있기 때문일까. 다리가 무거워질 순간도, 숨이 가빠질 지점도 머릿속에 그려졌지만 애써 긴장을 덜어내려 손을 툭툭 털어 보았다. 춘천의 바람은 스산했지만 떠오르는 햇빛이 마치 나를 다독이듯 어깨를 차분히 감싸 주었다.

"Three, Two, One, 출발!"

소문대로 끝없는 언덕이 이어졌다. 10km쯤 달렸을까. 숨이 거칠어지고, 다리는 무거워지고, 폐는 터질 것 같았다. 한 발, 또 한 발, 그냥 앞으로 나아가기만 하면 된다고 스스로를 설득해보지만 온몸이 정직하게 신호를 보내온다. "그만해, 멈춰" 하지만 멈출 수는 없다. 이번에는 더 강해지고 싶었고, 무엇보다 스스로를 이기고 싶었다. 길가에는 마라토너들을 응원하기 위한 문구가 곳곳에 걸려 있었다. "○○○님, 100회 완주를 축하합니다!", "고통은 순간이지만, 완주의 기쁨은 영원하다", "가을의 전설, 당신은 춘천의 전설입니다!" 이 문구들을 하나하나 읽으며 무거운 다리를 끌어올렸다.

터널을 빠져나오자 또 다른 플랜카드가 눈길을 사로잡았다. "이 길이 끝나는 곳에서 새로운 길이 펼쳐진다." 나는 달리기를 멈출 뻔했다. 제대로 읽은 게 맞나 싶어서 뒤를 돌아 다시 한 번 읊조리며 읽었다. 무슨 말인지 이해가 되지 않아 여러 번 곱씹었다. "길의 끝이라면 끝나는 거 아닌가? 왜 새로운 길이 펼쳐진다는 거지?" 순간 머릿속이 복잡해졌다. 빠르게 굴러가는 머리만큼 다리도 빠르게 움직이고 있었다.

　이상하게도 몸이 점점 가벼워지기 시작했다. 사실 10km부터 마지막 피니시 라인까지는 무슨 생각을 했는지조차 기억나지 않는다. 다만 고통 없이 달리기를 하고 있었던 것만큼은 분명했다. 3시간이 마치 3분처럼 흘러간 듯 달리는 내내 하늘 위를 나는 기분이었다. 다리의 피로감이 사라지고, 심장은 경쾌한 박자를 만들었다. 발이 땅을 박차는 소리가 일정해지고, 바람은 얼굴을 스치고, 맑은 춘천의 공기가 폐 깊숙이 들어왔다. 숨이 가빠야 할 타이밍인데 호흡이 편안했다. 땀이 흐르는데도 상쾌하다. 몸이 더 이상 나를 붙잡지 않는다.

　돌이켜보면 이것이 러너스하이인가 싶다. 모든 것이 정확하게 맞아떨어지는 느낌. 나는 그저 앞으로 가고 있었다. 더 이상 '왜 달리는지' 고민하지 않았다. 이 길의 끝에서 만나게 될 새로운 길이 무엇인지 알고 싶었다. 그리고 피니시 라인이 가까워질수록 심장이 뛰었다. 고통스러운 박동이 아니라 설레는 두근거림이었다. 마지막 몇 미터, 온 힘을 다해 내딛는 걸음마다 땀이 흩어지고, 거친 숨을 몰아쉬었다. 마침내 결승선을 넘었다. 3시간 48분. 첫 번째 마라톤보다 40분 넘게 기록을 단축했다. 그리고 그 순간, 깨달았다. 끝이라고 생각했던 이 길이 새로운 시작이었다는 걸.

　오직 승무원이라는 단 하나의 길만을 바라보고 있었다. 장장 2년을 짝사랑하듯 대답 없는 러브레터를 기다리며 한 곳만 바라보았다. 정말 그것만이 나의 길일까? 더 이상 비자를 기다리지 않기로 했다. 어쩌면 승무원이 내 길이 아니라 또 다른 새로운 길이 있지 않을까 하는 생각이 들었다. 집으로 돌아가는 긴 지하철 안에서 찰랑거리는 춘천마라톤 완주 메달을 목에 건 채 왓츠앱 채팅방에서 '나가기' 버튼을 눌렀다.

우리는 흔히 "포기하지 않는 자가 승리한다"고 말한다. 하지만 과연 모든 상황에서 끝까지 버티는 것이 최선일까? 때로는 끈기보다 '끊기'가 더 큰 용기가 될 때도 있다. 불필요한 문을 계속 두드리는 게 에너지 낭비일 수도 있다. 더 이상 열리지 않을 문 앞에서 한 발 물러서 활짝 열려 있는 다른 방향으로 걸음을 옮기는 게 더 현명한 선택일지도 모른다. 끊기를 선택한다는 것은 나에게 맞지 않는 길을 인정하는 것, 새로운 기회를 받아들일 준비가 되었다는 것이다.

무언가를 놓아야 새로운 것을 손에 쥘 수 있다. 한 손에 모래를 꽉 쥐고 있으면, 새로운 것을 잡을 수 없는 것처럼 잘못된 관계를 끊지 않으면 새로운 인연이 들어올 수 없다. 건강을 해치면서까지 버티는 직장, 이미 끝난 관계를 억지로 붙잡는 것, 더 이상 의미 없는 목표를 포기하지 못하는 것. 이런 것들은 '끈기'가 아니라 무의미한 고집이 될 수도 있다.

우리는 투자한 시간과 에너지에 발목을 잡힌다. 지금까지 들인 노력들이 눈앞에 아른거리면서 이것들을 잃게 될까봐 겁이 나기도 한다. 어느새 나 자신에게 이런 말을 하고 있는 걸 발견하게 된다.

"조금만 더 버텨볼까?" 혹은 "이렇게 노력했는데 포기하면 그동안의 시간이 너무 아깝잖아."

끝까지 붙잡고 있는 게 늘 좋은 선택이 아닐 수도 있다. 버텨온 시간보다 앞으로 N년간 버텨낼 시간이 더 아까울 수도 있다. 때로는 '끊기'가 더 나은 결과를 만든다. 한 지인은 10년 동안 공무원 준비에 매진했다. 20대와 30대의 전부를 공무원 공부에 바친 것이다. 그런데 결국 자신이 진정 원하는 것은 그것이 아님을 깨달았다. 지금은 작곡을 하며 만족스러운 삶을 살고 있다. 그가 내린 결단은 전공을 '포기'한 것이 아니라 자신을 '발견'한 것이다. 새로운 기회가 바로 앞에 있는데도 과거의 선택에 묶여 있는 자신을 발견한 적은 없는가? 활도 손을 놓아야 더 멀리 날아갈 수 있는 법이다.

성공한 사람들도 한 번쯤 '끊기'를 선택했다. 스티브 잡스는 자신이 만든 회사에서 쫓겨났지만, 오히려 그 경험이 애플을 더 위대한 기업으로 만들 수 있었던 원동력이 되었다. 일론 머스크는 연이은 사업 실패에 과감히 사업을 정리하고 새로운 도전을 시작했다. 끊는 것은 실패가 아니다. 오히려 더 멀리 나아가기 위한 전략적인 선택이 될 수도 있다. 중요한 건, 어떤 길을 택하든 그것이 나를 위한 최선의 선택임을 믿는 것이다. 끊기는 끝이 아니라 시작이다. 더 나은 길을 찾아가는 여행의 출발점. 그러니 지금 내 앞에 있는 선택지들을 다시 한 번 찬찬히 들여다보자. '끊기'라는 결단이 여러분의 삶을 새로운 방향으로 이끌지도 모른다.

달리기를 멈춘다고 모든 것이 끝나는 것이 아니다. 오히려 그 끝이 새로운 출발선이 될 수도 있다. 끝까지 버티는 것이 성공이 아니라 나에게 맞지 않는 길을 과감히 끊어내는 것이 더 나은 미래를 만든다. 두려워하지 말자. 끝까지 버티는 것이 아니라 끝까지 성장하는 것이 더 중요하다. 이 길이 끝나는 곳에서 새로운 길이 펼쳐진다.

불확실성에
대처하는 방법

서퍼가 되어야 한다

인생은 끊임없이 변화한다. 직업적 변화든 삶의 중요한 전환점이든 수많은 불확실한 순간과 마주한다. 소신대로 초심대로 나아가고 싶지만, 예상치 못한 변수와 불안이 발목을 잡는다. 수없이 만나는 새로운 물결은 온전히 앞으로 헤엄쳐 나가는 것을 방해할뿐더러 마음까지 울렁이게 만든다. 미래가 불투명할 때는 어떻게 해야 할까? 변화되는 속도를 감당하고 적응하는 것은 쉽지 않다. 그러나 세상의 흐름을 거부하는 것은 성장을 멈추는 것과 같다. 불확실성을 어떻게 이겨내고 앞으로 나아갈 수 있을까? 안정적인 회사를 박차고 나와 불투명한 러닝 전도사가 되겠다는 결심은 또 다른 도전 과제였다.

인생은 종종 파도에 비유된다. 때로는 파도가 활력을 주기도 하지만, 어떤 파도는 예상치 못한 방향에서 밀려와 우리를 삼켜버리기도 한다. 2008년 금융 위기, 2020년 코로나19 팬데믹, 각종 경제 변화와 기술의 발전…. 이런 거대한 변화 앞에서 누군가는 기회를 잡았고 누군가는 무너졌다. 같은 파도를 마주했음에도 어떤 사람은 파도의 추진력을 얻어 앞으로 나아가고, 어떤 사람은 파도에 휩쓸려 깊은 곳으로 가라앉았다. 똑똑하다고, 외모가 뛰어나다고, 능력이 좋다고, 돈이 많다고 파도가 없는 것은 아니다. 전 세계 누구에게나 파도는 밀려온다. 차이는 무엇일까? 파도를 대하는 태도와 행동의 차이다. 파도를 대하는 사람들은 세 부류로 나뉜다.

첫 번째, 그 상황을 회피하고 도망가는 사람. 기회를 피하기만 하는 자는 기회를 잡을 수 없다. 절대 성장할 수 없다.

두 번째, 다른 사람의 도전을 부러워만 하고 멀리서 바라만 보는 사람. 튜브가 있어도 쉽사리 뛰어들지 못하고 바라만 보며 부러워하고 기회가 오지 않는다며 툴툴댄다.

세 번째, 파도를 타는 사람. 서퍼는 파도를 잡으며 그 순간 바다에서 가장 높은 곳에 올라선다. 100번 넘어진 끝에 단 한 번이라도 파도를 타본 사람은 안다. 그 자유와 짜릿함이 인생을 변화시킨다는 것을. 세상은 끊임없이 변화하고 파도는 멈추지 않는다. 우리는 파도를 두려워할 것이 아니라 서퍼의 자세를 배워야 한다.

불확실성을 인정하고, 통제할 수 있는 것에 집중하라

우리는 미래를 완벽하게 통제할 수 없다. 하지만 내가 통제할 수 있는 것은 분명히 있다. 통제할 수 없는 것들에는 경제 상황, 타인의 평가, 예상치 못한 변수가 있다. 코로나19나 사드 배치 같은 것들은 내가 통제할 수 없는 범위였다. 통제할 수 있는 것에는 이런 것들이 있다. 내 노력, 배우는 자세, 문제를 대하는 태도 등. 세계적인 테니스 선수 세리나 윌리엄스는 경기 전 불안할 때마다 "내가 통제할 수 있는 것에만 집중하자"라고 다짐했다고 한다. 상대 선수의 실력, 날씨, 심판의 판정은 통제할 수 없지만, 나의 연습량과 경기 중 집중력은 온전히 내 손에 달려 있는 것이다. 불확실한 미래를 걱정하기보다는 지금 내가 할 수 있는 한 가지 행동을 하자. "나는 지금 무엇을 할 수 있을까?" 스스로에게 질문해보자.

두려움을 없애려 하지 말고 이용하라

흔히 두려움을 없애야 한다고 생각하지만 사실 두려움은 없어지지 않는다. 그렇다면 두려움을 성장 에너지로 바꿔야 한다. 심리학자들은 불안과 기대가 같은 생리적 반응을 일으킨다고 말한다. "나는 지금 두렵구나, 무섭구나" 인정하는 생각만으로도 강해질 수 있다. 즉, 긴장과 설렘은 같은 감정이다. 이를 두려움으로 받아들이느냐 기대감으로 받아들이느냐에 따라 반응이 달라진다. "이 변화가 두려워"보다는 "이 변화가 나를 성장시킬 거야"라고 생각하자. 철학자 니체는 말한다. "위험하게 살아라! 삶을 힘들게 하는 것들을 쉽게 외면하지 마라. 그럴 때일수록 새로운 일을 시도하라." 두려움이 들 때면 그 감정을 성장 신호로 받아들이자.

"이 변화가 나를 더 강한 사람으로 만들 것이다."

힘을 빼고, 멀리 바라보라

물에 빠졌을 때 본능적으로 살기 위해 허우적거리지만 그럴수록 점점 가라앉는다. 반대로 몸의 힘을 빼고 가만히 누워 있으면 자연스럽게 물 위로 떠오른다. 불확실한 상황에서도 너무 잘하려고 애쓰면 오히려 긴장하고 실수를 하게 된다. 몸과 마음의 힘을 빼고 숨을 고른 뒤 멀리 바라보자. 그래야만 파도의 흐름을 읽고 바람의 방향을 가늠하며 앞으로 나아갈 수 있다.

나만의 서핑보드를 만들자

서핑보드는 모두 같아 보이지만 사실 각각 다르게 제작된다. 어떤 사람의 보드는 속도를 내기 위해 짧고 얇고, 어떤 사람의 보드는 보드 위에서 자유롭게 움직이기 위해 길고 두껍다. 속도가 빠른 보드가 멋있어 보인다고, 혹은 춤을 추듯 물 위를 미끄러지는 모습이 아름다워 보인다고 그 보드가 나에게도 맞을까? 서핑을 잘하려면 나에게 맞는 보드를 선택해야 한다. 키, 체형, 실력까지 고려해 나만의 맞춤형 서핑보드를 만들어야 한다. 인생도 마찬가지다. 다른 사람이 걸어간 길이 멋있어 보여도, 그것이 나에게 꼭 맞는 길은 아닐 수 있다. 누군가의 성공 방식을 그대로 따라가기보다 나에게 맞는 방법을 찾아야 한다.

파도 위에 올라서자

서핑보드까지 준비했다면, 이제 진짜 물속으로 뛰어들 차례다. 하지만 많은 사람이 준비만 하다 끝나버린다. 서핑보드에 매달려 둥둥 떠 있는 것이 목표가 아니듯, 계획만 세우고 실행하지 않는다면 아무런 변화도 일어나지 않는다. 물결에 몸을 맡기고 하늘을 바라보며 둥둥 떠 있는 순간은 여유롭고 낭만적일 수 있다. 하지만 눈을 떠보면 어느새 파도에 밀려 외딴 섬에 도착해 있을지도 모른다. 중요한 것은 '실행'이다. 두려운 게 당연하다. 흔들림 없는 단단한 바닥이 아니라 끊임없이 움직이고 불안정한 파도 위에 올라서야 한다. 넘어질 걸 알면서도 흔들릴 걸 알면서도 다시 올라서야 한다. 서퍼는 100번 도전한다고 100번 성공하지 않는다. 99번 파도에 치이고 넘어지지만, 단 1번의 환상적인 순간을 위해 다시 보드 위에 오른다. 도전 없는 결과는 없고, 넘어짐 없는 성장은 없다.

다시 오지 않을 파도, 충분히 즐기자

파도는 한 번 지나가면 다시 돌아오지 않는다. 똑같은 파도는 다시 오지 않는다. 그러니 인생의 한 번뿐인 파도를 마주할 때 최선을 다해 즐겨야 한다. 기회는 준비된 사람에게 찾아온다. 그것을 즐길 줄 아는 사람에게 머문다. 불확실성은 도망치는 것이 아니라 뛰어넘는 것이다. 우리는 모두 불확실한 상황을 만난다. 그 불확실성 속에서도 나아가는 사람이 되어야 한다.

"불확실한 길을 걸어야 새로운 가능성이 열린다."

인생을 바꾸는
강력한 힘

처음에는 5분을 뛰는 것조차 버거웠다. 그러나 매일 5분씩 달리는 작은 습관이 쌓이며 10분, 30분이 되고, 마침내 풀코스를 완주할 수 있었다. 변화된 것은 체력뿐만이 아니었다. "달리기가 내 인생을 바꿨다." 실제로 작은 달리기 습관 하나가 삶의 태도와 생각까지 송두리째 바꿔버렸다.

나 자신을 믿는 습관: 자기 신뢰 키우기

달리기는 즉시 보상을 주지 않는다. 하루 이틀 뛴다고 체력이 급격히 좋아지거나 눈에 띄게 살이 빠지는 것도 아니다. 하지만 하루 5분, 10분씩 꾸준히 달리다 보면 어느 순간 달라진 자신을 발견한다. 처음엔 5분 달리기도 숨이 턱 끝까지 차올랐지만, 어느새 10분, 20분이 자연스러워지고, 한 달 두 달이 지나면 5km, 10km를 달리는 것이 당연해진다. 이 과정에서 "꾸준히 하면 해낼 수 있는 사람이구나" 하는 자신감도 쌓인다.

러닝 습관은 삶의 다른 영역에서도 동일하게 작용한다. 공부, 일, 취미, 목표 설정…. 모든 것이 달리기와 같은 원리다. 낯선 과목도 하루 한 페이지씩 꾸준히 읽다 보면 어느새 자격증을 딸 수 있고, 새로운 일도 반복해서 시도하다 보면 전문가가 된다. 작은 습관 하나가 삶 전체를 바꾸는 실행력으로 이어진다. 우리의 가장 큰 장애물은 "할 수 없다"는 자기 의심이다. 자기 신뢰가 있는 사람은 어려운 일이 닥쳐도 "나는 해낼 수 있어"라고 믿고 도전한다.

이 믿음은 하루아침에 생기지 않는다. 작은 약속을 꾸준히 지켜야 자신을 신뢰할 수 있다. 아침에 일어나 5분 스트레칭하기, 하루 10페이지 책 읽기, 스마트폰 사용 줄이기. 이처럼 작은 실천들을 매일 지키다 보면 "나는 내가 한 약속을 지킬 수 있는 사람이야"라는 믿음이 생긴다. 결국 나를 믿는 사람이 원하는 삶을 만들어간다. 하루에 하나씩 작은 목표를 세우고 실천해보자. 단순히 목표를 이루는 것이 아니라 스스로 신뢰하는 힘이 쌓여간다.

감사하는 습관: '있는 것'에 집중하기

"지금 이 순간 내가 가진 것들에 감사하는가?" 감사는 단순한 감정이 아니라 연습을 통해 길러지는 습관이다. 오늘도 건강하게 달릴 수 있다는 것에 감사하게 된다. 불평과 불만을 줄이고, 지금 내게 있는 것들에 집중하는 것만으로도 삶의 태도가 달라진다. 아침에 눈을 뜰 수 있다는 것, 따뜻한 커피 한 잔을 마실 수 있다는 것, 내 곁에 소중한 사람들이 있다는 것. '있으면 좋은 것'이 아니라, '지금 있는 것'에 집중하면 더 행복해진다. 감사를 습관화하면, 자연스럽게 삶의 만족도가 높아지고 불안한 마음도 줄어든다. 매일 감사일기를 써보거나 하루를 마무리할 때 고마웠던 순간 3가지를 적어보자. 그것만으로도 감사하는 습관이 만들어진다.

현재에 집중하는 습관: 지금에 몰입하기

"나의 생각은 지금 여기에 머물러 있는가?" 우리는 종종 과거를 후회하거나 미래를 걱정하는 데 많은 시간을 소비한다. 하지만 현재에 집중하는 것이야말로 가장 강력한 마음 습관이다. 현재를 사는 사람은 과거에 연연하지 않고, 불필요한 걱정을 줄이며, 지금 이 순간을 최선을 다해 살아간다. 감정을 컨트롤하는 능력은 스트레스 해소와 긍정적인 사고를 돕는다. 달리기를 하면 자연스럽게 호흡이 깊어지고 땀이 나며 몸이 개운해진다. 신기한 건 몸뿐 아니라 마음도 가벼워진다는 것이다.

운동을 하면 뇌에서 엔도르핀과 세로토닌이 분비되어 기분을 좋게 만들고 스트레스를 완화하는 데 도움을 준다. 특히 러너스 하이

(Runner's High)라는 단어가 있을 정도로, 일정 시간 이상 달리기를 지속하면 기분 좋은 몰입 상태에 빠지게 된다. 나는 감정이 복잡할 때마다 달리기를 했다. 짜증이 나거나 슬플 때, 답답한 기분이 들 때 힘든 거리만큼 달리고 나면 언제 그랬냐는 듯 마음이 풀렸다. 달리기를 할 때도 처음부터 10km 완주를 생각하면 막막하지만, "한 걸음만 더 내디뎌 보자"라고 생각하면 가능해진다. 특별한 해결책이 보이지 않을 때도 일단 뛰고 나면 문제를 좀 더 가볍게 바라볼 수 있었다. 해답은 늘 달리기 속에 있었다. 달리기는 단순한 운동이 아니다. '생각을 정리하는 도구'이자 '현재에 집중하는 훈련'이다. 인생도 마찬가지다. 불필요한 걱정을 줄이고 지금 할 수 있는 일에 집중하는 것이 가장 중요하다.

나를 비난하지 않는 습관: 완벽하지 않아도 괜찮다

"나 자신을 얼마나 자주 비난하는가?" 우리는 실수하면 스스로를 심하게 몰아세우는 습관이 있다. 완벽한 사람은 없다. 실수를 하더라도 자신을 비난하는 대신 배움의 기회로 삼는 태도가 중요하다. "왜 나는 이것밖에 못할까?"보다는 "이번 실수로 뭘 배울 수 있을까?"라고 생각하자. 자신을 자꾸 비난하면, 도전할 용기도 사라진다. 실패하더라도 "괜찮아, 다음에는 더 잘할 수 있어"라고 스스로에게 다독이는 연습을 해보자. 삶의 질이 향상되면서 더 건강하고 활기찬 하루를 만들어줄 것이다.

나를 응원하는 습관: 스스로에게 따뜻한 말을 건네자

달리기는 더 나은 나로 변화시키는 과정이다. "나에게 어떤 말을 건네고 있는가?" 우리는 종종 다른 사람에게는 따뜻한 말을 건네면서도 정작 자기 자신에게는 가혹하게 말하곤 한다. "왜 이렇게 못해?", "내가 뭘 할 수 있겠어." 하지만 이런 말들은 나를 위축시키고 자존감을 떨어뜨린다. 스스로를 응원하는 습관을 들이면 자연스럽게 더 자신감 있고 긍정적인 사람이 된다. "나는 충분히 잘하고 있어", "조금 부족해도 괜찮아, 한 걸음씩 가보자" 힘든 순간이 올 때 스스로에게 응원의 말을 건네자. 거울을 보며 "넌 할 수 있어"라고 말해보자.

실천하는 습관: 할까? 말까? 고민될 때는 그냥 하자

우리는 종종 어떤 행동을 앞두고 망설인다. "할까? 말까?", "갈까? 말까?" 하지만 고민이 길어질수록 결국 하지 않는 쪽으로 기울기 쉽다. 생각만 하다가 아무것도 하지 못한 채 시간만 흘러가는 경우가 많다. 해답은 간단하다. 고민될 때는 그냥 하자. 10년 차 러너인 나도 아침이면 늘 고민한다. "오늘 날이 추운데 달릴까 말까?", "할 일이 많으니 내일 할까?" 하지만 그런 고민을 밀어내고 박차고 나간 달리기에서 단 한 번도 후회한 적이 없다. 오히려 "아침에 왜 고민했을까?" 싶을 정도로 스스로 대견하고 뿌듯해진다. 결국 실천하는 습관이 있는 사람은 망설이지 않고 바로 움직인다. 그리고 그런 작은 실천들이 모여 큰 변화를 만든다. 고민이 들 때마다 "3초 안에 결정하고 바로 행동한다"라고 다짐해보자. 하지 않아서 후회하는 미래의 내 모습을 떠올려보자. 생각이 길어지면 실행력은 떨어진다. 그러니 망설이기 전에 일단 시작하는 것이 가장 중요하다.

어떤 습관이든 처음 시작할 때는 어렵다. 하지만 그 습관이 정착되면 삶을 바꾸는 강력한 힘이 된다. 단순히 '달리기' 습관을 만든 것뿐인데 꾸준함을 배우고, 감정을 조절할 줄 알게 되고, 목표를 달성하는 법을 익히고, 삶의 질이 높아졌다. 달리기가 내 삶을 더 나은 방향으로 바꿨듯, 여러분의 작은 습관도 언젠가 큰 변화를 만들어낼 것이다. "5분만 뛰어볼까?" 이 작은 생각 하나가 여러분의 삶을 바꿀지도 모른다.

관성의 힘은
생각보다 강력하다

달리기를 시작하며 한 가지 철학이 생겼다. "할 수 있는 만큼"이 아니라 "두 배로 할 수 있다"는 믿음이다. 5km를 달릴 수 있다면 10km도 가능하고, 10km를 달리면 하프 마라톤이 가능하다. 하프를 완주하면 풀코스도 해낼 수 있다. 그렇게 50km 울트라 트레일 러닝을 달렸고, 그 경험이 쌓여 100km에 도전할 수 있었으며, 마침내 250km 사막 마라톤까지 완주할 수 있었다. 이 모든 것이 가능했던 이유는 '관성' 때문이다. 관성의 힘은 생각보다 강력하다.

마라톤 대회장의 아침은 예상보다 분주하다. 출발선에 서기 전, 이미 1~2km를 달리며 몸을 예열하는 러너들이 많다. 반면 처음 대회에 나선 사람들은 100m의 체력이라도 아끼기 위해 가만히 서

있거나 웅크려 있는 경우가 많다. 하지만 관성의 힘을 아는 사람들은 준비운동부터 다르다. 몸을 미리 깨우고 흐름을 만들어야 제대로 뛸 수 있음을 알기 때문이다. 움직이면 움직일수록 잘 달릴 수 있다.

　살면서 가장 어려운 순간은 '처음 시작하는 순간'이다. 달리기를 할 때도, 첫 발을 내딛기가 어렵지 일단 뛰기 시작하면 몸이 자연스럽게 앞으로 나아간다. 이처럼 우리 삶에도 '관성(Inertia)'이라는 힘이 작용한다. 관성의 법칙에 따르면, 정지해 있는 물체는 계속 멈춰 있으려 하고, 움직이는 물체는 계속 움직이려 한다. 인생도 마찬가지다. 멈춰 있으면 계속 멈춰 있고, 움직이기 시작하면 점점 더 속도가 붙는다. 우리가 만든 작은 습관과 행동도 일정 궤도에 오르면 자연스럽게 지속된다. 중요한 건 '어떻게 처음 움직이느냐'와 '어떻게 멈추지 않고 지속하느냐'이다.

　관성이 중요한 이유는 삶의 어려움 속에서도 다시 일어설 힘이 되기 때문이다. 살면서 수많은 실패와 좌절을 경험한다. 이때 필요한 것이 바로 회복탄력성(resilience)이다. 회복탄력성이 높은 사람은 넘어져도 다시 일어난다. 그 힘은 결국 작은 '관성'에서 시작된다. 관성을 만든다는 것은 중간에 멈춰도 다시 시작하는 힘을 기르는 과정이다. 완벽하게 해내야 한다는 부담이 관성을 방해하는 가장 큰 요소다. 운동을 며칠 쉬었다고 "망했다"라고 생각하지 말고 다시 운동화부터 신자. 일주일 동안 목표를 지키지 못했다고 포기하지 말고 다시 시작하면 된다. 당신이 가져온 관성의 힘을 믿자. 완벽하려 하지 말고, "조금이라도 하자"는 마인드를 가지면 꾸준함이 이어진다.

지나치게 무리하면 관성이 오래가지 않는다. 고무줄도 너무 길게 당기면 탄성이 줄어들어 제자리로 돌아오지 못하듯 적당한 리듬이 중요하다. 처음부터 "나는 매일 새벽 5시에 기상해서 운동하고 독서하고 하루를 완벽하게 보낼 거야!" 같은 비현실적인 목표를 세우면 오래 유지하기 어렵다. 하루 10분 운동부터 시작해서 점점 시간을 늘려가자. 주 1회 독서를 시작하고, 익숙해지면 주 3회로 늘려보자. 처음부터 100% 실천하려 하지 말고, 50%만 해도 괜찮다고 생각하자. 지속 가능한 작은 루틴이 모이면 자연스럽게 삶의 방향성이 만들어진다.

삶의 변화는 한순간에 일어나지 않는다. 하지만 작은 행동을 시작하고, 그것이 관성의 흐름을 타게 하면 지속적인 변화가 가능하다. 관성을 잘 활용하면 삶은 원하는 방향으로 나아간다. 가장 중요한 점은 이러한 관성은 스스로 만들 수 있다는 것이다.

실패는 나를
단단하게 만든다

'러닝 전도사'라는 직업을 갖기까지 일곱 번의 퇴사와 수많은 실패를 경험했다. 개발자, 승무원, 연극배우, 여행 인솔자 등 전혀 다른 분야에서 길을 찾아 헤매며 끊임없이 스스로에게 물었다. "내가 제대로 가고 있는 걸까?" 돌이켜보면 그 모든 경험이 지금의 나를 만든 단단한 기반이 되었다. 실패는 단순한 좌절이 아니라 더 나은 방향으로 나아가기 위한 성장 신호였고, 새로운 기회를 맞이할 준비 과정이었다.

처음 개발자로 일했을 때 적성에 맞지 않는다는 이유로 퇴사했다. 그때는 나 자신을 무능하다고 생각하며 자책했지만, 그 경험 덕분에 '내가 원하는 일'과 '맞지 않는 일'을 구분할 수 있게 되었다.

승무원이 되려 했을 때는 사드 배치로 취업 비자가 나오지 않아 무너지는 듯했지만, 덕분에 달리기를 시작했고, 지금의 꿈을 발견할 수 있었다.

연극배우로 활동하며 무대 위에서 감정을 전달하는 법을 익혔고, 덕분에 강연장에서 떨지 않고 진심을 전할 수 있게 되었다. 여행 인솔자로 일하며 낯선 사람들과 빠르게 친해지는 법과 위기 대처 능력을 키웠고, 이는 러닝 코칭이나 행사 운영 시 자연스럽게 활용되어 어색한 분위기를 부드럽게 만들고, 예기치 않은 상황에서도 침착하게 대응할 수 있는 힘이 되었다.

기대만큼의 성과를 내지 못한 도전들도 많았지만, 그 과정에서 쌓인 경험과 네트워크가 결국 더 큰 기회를 가져다주었다. 우리는 실패를 통해 진짜 나를 마주하게 된다. 실패를 겪기 전에는 보이지 않던 것들이 보이고, 미처 알지 못했던 나의 약점과 강점이 드러난다. 실패는 나를 부수는 것이 아니라 더 단단하게 만든다.

실패는 방향을 알려주는 신호다. 우리는 실패를 잘못된 선택으로 여긴다. 실패는 "이 길은 아니야, 다른 방향으로 가볼래?"라고 알려주는 신호일 뿐이다. 에디슨은 전구를 발명하기까지 1,000번의 실패를 겪었다. 하지만 그는 "나는 1,000번 실패한 것이 아니라 1,000가지 안 되는 방법을 찾은 것뿐이다"라고 말했다. J.K. 롤링은 '해리포터'를 출간하기 전까지 12번 출판시에서 거절당했다. 하지만 그녀는 포기하지 않았고 결국 세계적인 베스트셀러 작가가 되었다. 내가 실패한 이유는 나에게 맞지 않는 길이었거나 조금 더 나아가야 하는 과정이었기 때문일 뿐이다. 많은 사람은 실패를 두려워한다. 실패하면 '끝'이라고 생각하기 때문이다. 하지만 실패는 끝이 아니라 또 다른 출발점이다. 오히려 실패를 통해 자신을 더 깊이 들여다보고 더 나은 방법으로 도전할 수 있다.

우리는 성공을 축하할 줄은 알지만, 실패를 겪은 자신을 위로하고 축하하는 법은 잘 모른다. 실패는 도전의 증거이며 성장의 한 단계다. 실패가 많다는 것은 그만큼 많은 경험을 했다는 뜻이다. 아무것도 시도하지 않는 것보다 실패하면서 배우는 것이 더 큰 자산이 된다. 실패는 나를 더 단단하게 만들고, 다음 도전을 위한 경험치를 쌓아준다. 실패를 환영하는 사람만이 진짜 성공할 수 있다. 나는 7번 퇴사를 했고 수많은 실패를 경험했다. 그 과정이 있었기에 지금의 내가 있다. 실패는 우리를 멈추게 하는 것이 아니라 더 나아가기 위한 과정이다. 지금 당신이 실패했다고 느끼고 있는가? 그렇다면 축하한다. 당신은 도전한 사람이다. 실패 후에는 스스로에게 "고생했어, 그래도 해봤잖아!"라고 말해주자. 작은 선물을 하거나 맛있는 음식을 먹으며 '나는 도전한 사람이다'라는 사실을 인정하자. 실패를 일기나 노트에 적으며 그 과정에서 배운 점들을 기록해보자. 시간이 지나서 보면 그 실패가 나를 얼마나 성장시켰는지 알게 된다. 실패를 축하하는 것은 실패를 두려워하지 않고 다시 도전할 힘을 얻는 과정이다.

실패를 성장의 발판으로 삼는 법

맹자는 말했다. "하늘이 장차 큰 임무를 맡기려 할 때 반드시 먼저 시련을 준다." 곰곰이 생각해 보자. 성공만 계속되는 이야기는 지루하다. 주인공이 좌절하고, 다시 일어서며, 수많은 우여곡절을 겪어야 비로소 깊이 공감할 수 있는 성장 스토리가 된다. 인생도 마찬가지다. 내리막과 오르막이 공정하게 존재하며, 지금의 힘든 순간은 곧 다가올 더 큰 기회를 위한 과정일지도 모른다. 실패를 성장으로 연결하는 사람들은 공통적으로 다음과 같은 태도를 가진다.

1. 실패의 원인을 분석한다

실패 후 가장 중요한 것은 감정에 휩쓸리지 않고 객관적으로 원인을 분석하는 것이다. "왜 실패했을까?"를 냉정하게 돌아보자. 같은 실수를 반복하지 않도록 기록하고, 다음에는 다른 전략을 세우면 된다. 실패했다고 무조건 처음부터 다시 시작할 필요는 없다. 작은 변화부터 시도하며, 실패 요소를 조금씩 개선하는 것이 중요하다. 예를 들어, 사업이 실패했다고 완전히 접는 것이 아니라 새로운 시장을 탐색하거나 신메뉴를 개발하거나 작은 프로젝트부터 다시 시작할 수 있다. 실패는 끝이 아니라 방향을 수정하는 과정일 뿐이다.

2. 실패를 두려워하지 않는다

실패를 피하려고 하면 아무것도 시도할 수 없다. 오히려 "이 과정에서 반드시 배울 것이 있을 거야"라는 자세로 도전해야 한다. 많은 사람이 실패를 두려워하지만 사실 실패의 기회비용은 생각보다 크지 않다. 오히려 시도조차 하지 않은 것이 가장 큰 손해다. 실패는 새로운 스토리가 된다. 내 경험이 되고, 나만의 이야기가 된다.

3. 성공 사례에만 집중하지 않는다

종종 성공한 사람들만 우러러보면서 그들의 화려한 순간만 기억한다. 하지만 모든 성공 뒤에는 수많은 실패가 있었다. 실패한 사람들의 이야기에서도 배울 점을 찾고 스스로에게 적용해보자.

운동을 통해 근육이 성장하는 과정은 간단하다.

근육이 찢어진다 → 회복한다 → 더 탄탄해진다

실패도 마찬가지다.

실패한다 → 경험을 통해 깨닫는다 → 더 단단해진다

포레스트 검프의 '초콜릿 상자' 이야기를 참 좋아한다.

"인생은 초콜릿 상자와 같은 거야. 무엇을 고를지 아무도 모르는 거란다."

이 사실을 인정해야 한다. 초콜릿 상자 안에는 다양한 맛이 있다. 딸기맛, 바닐라맛, 레몬맛. 어떤 것은 기대보다 맛있고, 어떤 것은 입맛에 맞지 않을 수도 있다. 하지만 실망했다고 초콜릿 상자를 덮어버릴 필요는 없다. 그냥 옆에 있는 초콜릿을 또 한 번 맛보면 된다.

도전의 본질은 결과가 아니라 과정에 있다. 많은 사람들이 결과 때문에 도전을 시작한다. 하지만 우리를 변화시키는 것은 그 과정에서 겪은 감정과 배움이다. 도전을 통해 배우고 실패를 통해 성장한다. 실패를 두려워하지 말자. 실패 자체가 끝이 아니라 다음 도전을 위한 자산이 된다. 어쩌면 지금 당신이 겪고 있는 이 실패가 미래의 당신을 더 단단하게 만들어줄 가장 값진 경험일지도 모른다. 실패를 두려워하지 말고 환영하자. 그것이 곧 더 나은 나로 가는 길이니까. 해냈던 경험은 사라지지 않는다. 그것이 앞으로 나아갈 수 있는 가장 강력한 원동력이 된다.

굴곡이 있기에
달릴 수 있다

러닝화를 고를 때 기능성과 디자인에 집중하지만, 정작 달리기에 가장 중요한 것은 발의 아치(arch)다. 발바닥 중앙에 자리 잡은 이 작은 곡선은 단순한 구조가 아니다. 지면의 충격을 흡수하는 스프링 역할을 하고, 몸의 균형을 잡아주며, 부상을 막고 부드러운 움직임을 가능하게 한다. 아치가 없으면 충격이 발에 직접적으로 전달되어 무릎과 허리에 부담이 가고, 균형을 잡기 어려워지고, 결국 오랜 시간 달릴 수 없다. 이 작은 곡선 하나가 우리를 안전하게 달리게 만든다. 러닝 초보가 흔히 겪는 부상 중 하나가 '족저근막염'이다. 평소엔 신경도 쓰지 않던 발바닥이지만 마치 자신의 존재감을 내뿜는 듯 족저근막염을 만나게 되면 아침에 눈을 뜨는 순간 발바닥이 찢어지는 듯한 고통이 번진다. 침대에서 내려와 바닥에 발을 디디는 순간 뼈가 쪼개지는 느낌이 든다. 화장실 변기에 앉았다가 일어나는 순간, 발바닥은 뜨겁게 쑤셔올 것이고, 출근길 걸음을 내디딜 때마다 비명 같은 신음이 절로 새어 나올 것이다. "뭐야, 이게?" 발바닥 한가운데, 움푹 들어간 그곳이 칼로 찌르는 듯 뜨겁고 아픈 통증을 보낸다. 한 발짝 내딛을 때마다 바닥에서 가시가 돋아나는 기분. 분명 어제까지 멀쩡했는데 하루아침에 이런 일이 생기다니. 그제야 다급히 '무너지지 않는 아치'에 대해 검색하기 시작한다.

많은 사람은 인생이 평탄하길 원한다. 실패 없이 고통 없이 언제나 순탄하게. 일직선으로 내달리는 길은 정말 온전한 삶일까? 마라톤에서도 완벽하게 평탄한 코스는 없다. 언덕이 있고, 내리막이 있으며, 때로는 예상치 못한 울퉁불퉁한 길을 만나기도 한다.

이 굴곡이 왜 중요할까? 달릴 때 발바닥의 아치가 충격을 흡수하듯, 굴곡이 있기에 우리는 더 단단해진다. 만약 오직 평탄한 길만 달린다면? 단련되지 않은 몸은 작은 충격에도 쉽게 부상을 입고, 적응력이 떨어져 변화에 쉽게 무너지고, 예상치 못한 장애물을 만나면 한 걸음도 내딛지 못한다. 그러나 굴곡을 경험한 사람은 다르다. 실패를 통해 배운 사람은 작은 문제에 쉽게 흔들리지 않고, 턱에 걸려 넘어져 본 사람은 피해갈 수 있는 요령이 생기고, 고난을 극복한 사람은 더 멀리 달릴 수 있으며, 변화에 적응하는 탄성의 힘이 있는 사람은 끝까지 완주할 수 있다. 우리는 완벽한 평형이 아니라 균형을 유지하는 법을 배워야 한다. 인생이 오르막과 내리막을 반복하듯 발바닥의 아치도 오르락내리락하며 우리를 지탱한다.

인생 그래프: 굴곡을 다시 정의하는 법

군부대 강의를 할 때 인생 그래프 그리기 실습을 넣는다. 방법은 간단하다. 종이 한쪽에 세로선을 긋고 가운데에는 긴 가로선을 긋는다. 세로축에는 긍정적인 기억(위)과 부정적인 기억(아래)을 배치한다. 가로축에는 10부터 80까지 일정한 구간을 나눠 10 단위로 나이를 적는다. 그리고 인생의 굴곡을 따라 그래프를 만든다. 하지만 여기서 중요한 점이 있다. 단순히 과거를 기록하는 것이 아니라 부정적인 기억을 긍정적인 방향으로 조금씩 '상향 이동'하며 재정의하는 것. 과거의 나는 삶이 무너졌던 기억을 깊이 내려 그렸다. 1년 동안 은둔하며 집 밖을 나오지 못했던 시간들, 실패감에 무너져 끝없이 가라앉았던 기억들. 떠올리기만 해도 숨이 막혔다. 상상하는 것만으로도 눈물이 차올라서 더 깊은 아래로 한없이 기억을 끌어당기고 있었다. 그럴수록 삶은 계속 과거에 묶여 있었다.

누군가에게 "난 실패자야"라고 말하면, 난 실패자로 정의되었다. "난 운이 없는 사람이야"라고 말하면, 운이 없으니 가깝게 지내면 안 될 사람이 되었다. 그런데 신기한 일이 일어났다. "그래도 그 덕분에 달리기를 시작하게 되었어"라고 말하면 회복탄력성이 좋은 사람이 되었고, "그 경험 덕분에 나를 위해 새로운 길을 선택할 용기를 얻었어"라고 말하면 긍정적인 사람이 되어 있었다. 스스로를 정의하는 방식이 바뀌자 타인의 시선도 나의 현재도 달라졌다. 더 놀라운 건 그 순간부터 과거가 더 이상 부끄럽지 않아졌다. 이것이 바로 인생 그래프를 위로 상향 조절해서 다시 재정의해보는 이유다.

행복과 불행은 결국 우리가 처한 상황을 어떻게 받아들이느냐, 지금 가진 것에 얼마나 만족하고 감사할 수 있느냐에 달려 있다. 하지만 우리는 종종 과거에 놓쳐버린 것들을 떠올리며 후회 속에서 허우적거린다. "그때로 돌아가면 더 잘 할 수 있을 텐데", "그 말은 꼭 전했어야 했는데", "다른 선택을 했으면 지금보다 더 나았을까" 잊으려 애써도 사라지지 않는 기억들 속에 갇혀 현재를 살면서도 마음은 여전히 과거에 머물러 있는 자신을 발견하곤 한다. 몸은 현재를 살면서도 마음은 과거에 살고 있는 것이다.

과거에 머물러 있는 한 현재를 제대로 살아갈 수 없다. 좋은 기억이든, 아픈 기억이든 그것에 얽매여 자유롭지 못하면 진정한 의미의 '지금'을 살아갈 수 없다. 그렇기에 한 번쯤 인생 그래프를 다시 그려보길 권한다. 단순히 과거를 있는 그대로 그리는 것이 아니라 그 경험을 긍정적인 시각으로 재해석하며 스스로의 성장으로 연결하는 것이다. "덕분에 사람 보는 눈이 생겼지", "대화하는 방법을 더 잘 알게 되었어", "마음을 달래기 위해 바람 쐬러 간 그곳에서 새로운 시작을 만나게 되었어" 나의 경험을 걸림돌로 볼 것인지, 디딤돌로 삼을 것인지는 결국 나에게 달려 있다. 과거의 경험을 새로운 시각으로 재해석하며 성장의 발판으로 삼는 것. 우리를 힘들고 아프게 했던 모든 경험이 결국 더 나은 방향으로 우리를 이끈다는 사실을 받아들이자. 수많은 좌절과 절망조차도 결국 삶을 더 깊고 의미 있게 조각해 주는 과정이다.

  무너지지 않는 아치는 완벽한 직선이 아니다. 적절한 굴곡이 있기에 충격을 흡수하고 균형을 유지하며 더 오래 달릴 수 있다. 마찬가지로 무너지지 않는 인생도 완벽한 안정 속에서 만들어지지 않는다. 실패와 도전, 고통과 성장, 좌절과 극복. 이 모든 경험이 모여 우리를 더 단단하게 만든다. 그러니 지금 당신의 삶에 굴곡이 있다고 걱정하지 말자. 그 굴곡이야말로 당신을 지탱하는 힘이 되어줄 테니까.

결국 해내는
사람들의 법칙

뜨거운 물이 흐르는 개수대에 손을 담근 채 거품이 가득한 스펀지를 쥔 손이 바들바들 떨린다. 일부러 물소리를 가장 크게 틀고, 주방 한켠에서 등을 돌린 채 몰래 울었다. 오전 12시 30분, 가게 문을 닫은 지 세 시간 반이 지났지만 여전히 퇴근하지 못했다. 내일 판매할 빵을 미리 준비하기 위해 해야 할 작업이 산더미였다. 내일이면 다시 새벽 5시 출근, 퇴근은 새벽 1시. 끝이 보이지 않는다. "이걸 계속할 수 있을까?" 가게를 열 때의 설렘은 온데간데없고, 오직 두려움만이 온몸을 짓눌렀다.

빵이 좋다는 이유 하나만으로, 가족이 식탁에 둘러앉아 따뜻한 온기를 나누는 순간이 행복해서 내 이름을 건 간판을 올렸다. 하지만 간판 하나를 내건다는 것은 단순한 일이 아니었다. 기대만큼 무거운 책임도 따라왔다. 덜컥 겁이 났다. 누구 탓도 할 수 없었다. 이 길을 선택한 건 결국 나 자신이었다. 눈물 속에서 헤어 나오지 못하고 있을 때, 마라톤에서 만난 인생 선배가 한 마디 툭 던졌다.

"사막도 다녀온 애가 뭐가 무섭냐."

"사막에 비하면 지금 겪는 일은 아무것도 아니다."

그 순간 개수대의 수도꼭지를 잠갔다. 흐르는 눈물도 함께 멈췄다. 처음 하는 일이 어려워 포기하고 싶을 때마다 나를 다잡아 주는 힘은 고통이 남긴 선물이었다. "풀코스도 완주했는데, 이걸 못 해낼 리가 없어!" 가장 뿌듯했던 순간을 떠올려보자. 밤을 새워 시험을 준비했던 날, 처음으로 10km를 완주했던 순간, 이직을 결심하고 두려움 속에서 새로운 길을 걸어 나갔던 시간들. 살면서 수많은 고비를 넘지만, 그 끝에서 우리는 깨닫는다. "그럼에도 불구하고, 해냈다." 그리고 그 경험이 나를 더 강하게 만든다. 나를 다시 일어설 수 있게 팔을 잡아준다. 고통은 과정이고, 해냄은 결과다. 해낸 경험이 있으면 다시 일어설 수 있다. 그 경험이 우리를 더 강하게 만들고, 포기하지 않는 사람으로 만든다.

쉽고 유쾌한 강의 스타일로 유명한 수학강사 정승제 선생님은 〈유 퀴즈 온 더 블럭〉에 나와서 이렇게 말한다. "공부해서 성적을 올려봤던 친구들은 알 거예요. 뭔가를 이루려고 노력하면 얻을 수 있다는 걸요. 스무 살 전에 깨닫는다면 엄청난 무기가 될 거예요. 고통스러워 본 결과에서 뭔가를 얻어낸 경험. 세상 사는 데 정말 좋은 영양분이에요." 살아가면서 수없이 많은 난관을 마주한다. 하지만 한계를 넘어서 본 사람은 안다. 힘든 과정을 버텨본 사람은 안다. "고통 뒤에 반드시 얻는 것이 있다." 그 경험이 있는 사람은 어떤 도전이든 끝까지 가볼 수 있는 체력과 정신력을 갖게 된다. 어려운 정신적 과제에 도전하는 과정 자체를 즐기는 법을 배우게 되는 것이다.

당신은 결국 해내는 사람이었다

결국 "나는 해낸 사람이다"라고 내 몸이 기억하면 그만이다. 5분 달리기를 해낸 사람, 30분 달리기를 해낸 사람, 10km 달리기를, 심지어 42.195km 달리기를 해낸 사람으로 기억되면 그만이다. 일도 가정도, 사랑도 삶도, 관계도 혼란도, 어떤 사소한 일일지라도 나는 해낸 사람이라는 본질만 잊지 않으면 흔들리지 않는다. 그 본질만 잊지 않으면 아무리 거센 바람과 눈보라, 손가락질, 어둠과 눈물, 어떤 고통에도 내면은 고요해질 것이다. 『마흔에 읽는 쇼펜하우어』에는 이런 말이 있다. "역풍을 만나 보아야 어떤 바람에도 항해할 수 있다." 그러니 우리는 반드시 해내야 한다. 그리고 해낼 수 있다. 해내는 사람이 되기 위해서는 어떻게 해야 할까. 해내는 사람이 된다는 것은 단순히 목표를 이루는 것을 넘어 계속해서 성장하는 과정 자체를 즐길 수 있는 사람이 되는 것이다. 그 과정에는 도전과 성취, 이를 반복하며 쌓아가는 경험들이 필요하다. 다음 다섯 가지가 해내는 사람으로 살아가는 데 중요한 요소라고 생각한다.

첫째, 낯선 경험 도전해보기

해보지 않은 것을 해봐야 새로운 길이 열린다. 학교-집-학원-아르바이트. 똑같은 패턴을 반복하며 하루를 살아간다. 익숙한 것만 반복하면 안전할지 몰라도 그 안에서 새로운 성취를 경험하기는 어렵다. 새로운 도전을 통해 스스로에 대한 새로운 가능성을 발견할 수 있다. 낯선 경험은 때때로 두렵고 어렵지만, 그 경험이 쌓이면 '어떤 것도 해낼 수 있다'는 확신을 갖게 된다. 그러니 불편한 감정을 피하지 말고 낯선 도전에 스스로를 던져보자.

둘째, 오래 기억하고 느낄 수 있도록 기록하기

기록은 경험을 단순한 기억이 아니라 자산으로 만든다. 경험한 것들을 기록하지 않으면 시간이 지나면서 희미해진다. 우리는 성장하고 있지만, 그 과정에서 무엇을 배우고 어떤 감정을 느꼈는지 잊어버리기 쉽다. 마라톤을 완주한 날의 감동, 처음 도전한 프로젝트에서 배운 점, 실패에서 얻은 교훈. 이 모든 것들은 기록하지 않으면 쉽게 흐려진다. 글을 쓰든, 사진을 찍든, 영상을 남기든, 그 순간의 감정을 붙잡아 두어야 한다. 기록은 단순히 추억을 남기는 것이 아니라 다음 도전을 위한 강력한 동기부여가 된다. 지금 내가 이 글을 쓰고 있는 이유이기도 하다.

셋째, 명확한 끝 지점 설정하기

애매한 목표는 애매한 성취감을 남긴다. 마라톤을 달릴 때, 피니시 라인이 없다면 끝이 어딘지 모른 채 지칠 수밖에 없다. 인생도 마찬가지다. 목표를 설정할 때는 반드시 명확한 끝 지점을 정해야 한다. '열심히 공부하자'가 아니라 '한 달 안에 10권의 책을 읽자', '운동을 열심히 하자'가 아니라 '100일 동안 매일 30분을 달리자'처럼 명확해야 한다. 목표의 끝이 모호하면 성취감도 반감된다. 해냈다는 확실한 경험을 위해서는 언제 끝낼 것인지 무엇을 성취해야 하는지 정확하게 정해야 한다. 피니시 라인을 밟아야지만 다음 스타트라인이 명확해진다.

넷째, 나는 해낸 사람이라고 인식시키기

주변의 시선이 나를 더 나은 사람으로 만든다. 종종 자신이 해낸 일들을 스스로만 알고 넘어간다. '해낸 사람'이 되려면 그것을 주변에도 인식시킬 필요가 있다. 자랑하라는 뜻이 아니다. 자신의 성취를 공유하면 자연스럽게 더 높은 기대와 책임감이 생긴다. 마라톤 완주를 SNS에 인증하면 주변 사람들은 '이 사람은 도전하는 사람이구나'라고 인식하게 된다. 회사의 프로젝트를 성공적으로 마무리했다면 '이 사람은 조금 더 큰일을 맡겨도 되겠구나'라고 생각하게 된다. 그러면 다음번에도 도전을 멈추지 않게 되고, 스스로도 '나는 해내는 사람'이라는 정체성을 갖게 된다. 이렇게 소문을 내면 타인의 기대가 자연스럽게 나를 더 나은 방향으로 밀어준다.

다섯째, 다시 첫 번째로 돌아가기

멈추는 순간 성장도 멈춘다. 한 번의 성취로 끝이 아니다. 해내는 사람이 되려면 끊임없이 새로운 도전을 시작해야 한다. 마라톤을 한 번 완주했다고 멈추면 몸은 다시 무뎌진다. 사업에서 성공했다고 새로운 시도를 하지 않으면 결국 도태된다. 중요한 것은 도전을 반복하는 것이다. "나는 한계를 넘을 수 있는 사람이다"라는 믿음을 키우려면, 해낸 후에 다시 처음으로 돌아가야 한다. 새로운 목표를 정하고, 다시 낯선 경험을 하고, 또 성취하고 기록하고, 주변에 공유하면서 다음 목표로 향하는 과정이 계속 이어져야 한다.

인생의 고비를 넘었다고 쉬운 내리막길만 펼쳐지진 않는다. 또다시 숱한 어둠과 고통의 몸부림이 있겠지만, 나는 해낸 사람이었다는 사실만 잊지 않으면 그만이다. 청중 앞에서 떨리는 가슴을 부여잡을 때도, 해외에서 첫 대중교통을 이용할 때도, 첫 아이 출산이라는 미지의 두려움 앞에 누워 있을 때도 당신 마음이 흔들리지 않도록 도와줄 강력한 힘이다. 이러한 것들이 모이고 모여 나는 해낸 것들이 무수히 많은 사람이 될 것이다. 당신은 오늘 어떤 새로운 일을 해낼 것인가?

 나만의 길을
개척하다

"성장은 불편함 속에서 일어난다."

_심리학자 캐럴 드웩

세계 6대 마라톤에
도전하다

전 세계 마라토너라면 누구나 갖고 싶어 하는 메달이 있다. 크고 아름다우며 무엇보다도 희귀하다. 빠르다고, 오래 달릴 수 있다고, 쉽게 얻을 수 있는 메달이 아니다. 나는 대한민국 최연소로 세계 6대 마라톤을 완주했다. 만 30세에 이루어낸 기록이었다. 참고로 6대 마라톤 완주자의 최고령자는 80세, 평균 나이는 59세(2022년 기준)다. 세계 6대 마라톤(Abbott World Marathon Majors)은 도쿄, 보스턴, 런던, 베를린, 시카고, 뉴욕을 포함하며, 2025년에는 시드니 마라톤이 추가되어 7대 마라톤이 되었다. 나는 2024년 시드니 마라톤까지 완수하면서 대한민국 최연소 세계 7대 마라톤 완주자라는 타이틀을 갱신했다. 현재 주최 측에서는 3년 이내에 10대 마라톤까지 확대하는 계획을 세우고 있다. 이에 따라 기존의 6성(6-Star) 메달 시스템은 당분간 유지되며, 7성 메달을 새롭게 만들 계획은 없다고 한다. 6대 마라톤을 모두 완주하면, 드래곤볼처럼 6개의 별이 새겨진 하나의 거대한 메달이 주어진다. 이 메달이 바로 전 세계 마라토너들의 꿈이자 도전의 상징이다.

이 질문을 정말 많이 받는다. "6성 메달은 집으로 택배를 보내주나요?" 정답은 NO! 마지막 6번째 대회에 도전하는 러너들은 엑스포에서 두 개의 배 번호를 받는다. 하나는 모든 참가자가 공통으로 사용하는 대회 배 번호, 또 하나는 '마지막 레이스'임을 강조하는 특별 배 번호다. 이 특별 배 번호에는 이렇게 적혀 있다.

"오늘이 바로 그 날입니다! 나를 응원해 주세요(Today is the day. Cheer me on!)!"

배 번호에는 지금까지 완주한 대회들이 까만 별로 표시되어 있고, 마지막으로 달릴 대회는 비어 있는 별로 남아 있다. 이 배 번호를 등에 붙이고 달리면, 전 세계 러너들의 뜨거운 응원과 축하를 받는다. 그리고 완주 순간 현장에서 6성 메달을 직접 걸어준다. 심지어 본 대회의 공식 완주 메달을 받는 부스보다 앞쪽에서 증정식이 이루어진다. 그만큼 6대 마라톤 완주는 특별한 성취로 인정받는다. 이것도 하나의 마케팅 전략일지 모르겠지만 완주하는 순간의 감동은 이루 말할 수 없다.

그 길이 순탄치만은 않았다. 7개의 대회 출발선에 서기까지 수많은 장애물과 어려움이 있었다. 체력적인 한계, 빠듯한 일정, 경제적인 부담, 각 대회의 까다로운 참가 절차, 긴 여정 속에서 무너질 뻔한 멘탈까지. 하지만 포기하지 않고 한 걸음씩 나아갔다. 그 과정에서 내 한계를 뛰어넘었고 결국 꿈을 현실로 만들었다.

세계 6대 마라톤(Abbott World Marathon Majors). 전 세계 마라토너들이 꿈꾸는 이 대회를 모두 완주한다는 것은 단순한 기록이 아니라 러너로서의 도전과 자부심을 의미한다. 처음부터 6대 마라톤을 목표로 했던 것은 아니었다. 심지어 이런 대회가 있는지도 몰랐다. 첫 계기는 우연한 기회로 도쿄 마라톤에 참가한 것이었다. 그리고 누군가가 말했다.

"가장 경쟁률이 높은 도쿄 마라톤에 참가하셨으니 나머지 5개 대회도 도전해보세요! 최연소 완주자가 될 수도 있어요."

'최연소' 이 단어에 귀가 솔깃했다. "현재 대한민국 최연소 완주자는 몇 살인가요?" 그는 답했다. "아마 30대 중반쯤이었을 거예요." 그때 내 나이는 26세였다. 아무리 넉넉하게 잡아도 20대 안에 마칠 수 있을 것 같았다. 그 말을 듣는 순간 단순한 목표가 아니라 '반드시 해내겠다'는 강한 신념을 갖게 되었다.

세계 6대 마라톤 완주의 가장 큰 어려움은 체력적인 한계가 아니다. 바로 경쟁률이다. 한국의 마라톤 대회처럼 선착순 신청이 아니라 전 세계 러너늘이 원하는 꿈의 무대이기에 철저한 추첨제로 운영된다. 즉, 운이 따라야 한다. 말 그대로 '당첨'되어야 출발선에 설

수 있다. 어떤 대회는 경쟁률이 50:1이기도 하니 50년에 한 번 달릴까 말까다. 심지어 이 경쟁률은 해를 거듭할수록 높아지고 있다.

　6대 마라톤에 참가하는 3가지 방법이 있다. 첫 번째, 운에 맡기고 추첨 당첨을 기다린다. 두 번째, 여행사를 통해 기부금을 내고 참가권을 얻는다. 세 번째, 나이별로 정해진 마라톤 기록 기준을 충족해 신청 자격을 얻는다. 하지만 이 기준 기록은 심각하게 높다. 나는 최대한 빠르게 6개 대회를 완주하기 위해 전략을 세워야 했다. 시카고 마라톤은 운 좋게 당첨되었고, 도쿄·런던 마라톤은 감사하게도 브랜드 초청으로 참가했다. 보스턴·뉴욕 마라톤은 한국 여행사를 통해 참가권을 확보했으며, 베를린 마라톤은 한국에 남은 티켓이 없어 말레이시아 여행사를 통해 참가했다.

　원래 계획은 2019년에 도쿄·베를린·뉴욕 마라톤을 먼저 완주한 후, 2020년에 런던·보스턴·시카고 마라톤까지 마무리하는 것이었다. 즉, 2년 안에 6개 대회를 완주하고, 27세 최연소 기록을 세우는 것이 목표였다. 하지만 예기치 못한 변수가 찾아왔다. 2019년 말 코로나 팬데믹이 전 세계를 덮쳤다. 국내 마라톤 대회들이 줄줄이 취소되었고, 해외 상황은 더욱 심각해 2020년에 달릴 예정이었던 나머지 3개 대회도 무기한 연기되었다. '어쩌면 완주하지 못할 수도 있겠구나.' 꿈꿔왔던 목표가 무너질 수도 있다는 생각에 절망이 밀려왔다. 하지만 간절히 기도하며 기다릴 수밖에 없었다.

1년 반의 기다림 끝에, 다시 출발선으로

　코로나는 어느새 '위드 코로나'로 바뀌었고, 해외는 우리나라보다 먼저 마스크 의무 해제를 시작하며 일상을 되찾았다. 마침내 2021년 10월 시카고 마라톤이 다시 열린다는 소식이 전해졌다. 연기된 티켓 덕분에 참가할 수 있었지만 그 과정 역시 쉽지 않았다. 비행기 탑승을 위한 예방접종 증명서와 코로나 음성 확인서가 필수 준비물이었다. 공항에서 결과를 기다리는 1시간은 정말 짜릿했다. 현지 엑스포에서도 코로나 음성 확인서를 제출해야 배 번호 수령이 가능했다. 도착 후에도 한국에 돌아오기 위해서는 관광 대신 약국과 클리닉을 찾아다니며 서류를 준비해야 했다.

　당시 중국에서 시작한 팬데믹으로 동양인에 대한 거부감이 최고에 달했다. 대회를 무사히 달려야 했기에 시카고에서는 호텔에 머무르며 외부 활동을 최소화했다. 풀코스를 여러 번 달렸지만 1년 넘게 장거리 훈련을 하지 못한 상태에서의 42.195km는 또 다른 도전이었다. 게다가 세계 6대 마라톤은 단순한 '러닝 실력'만으로 완주할 수 없다. 우리나라와 기후도 시간도 다르기에 거센 바람을 뚫어야 하고, 끝없는 언덕을 넘어야 하며, 시차 적응도 채 되지 않은 상태에서 비몽사몽한 컨디션으로 달려야 했다. 결국 단순한 체력 싸움이 아니라 정신력까지 버텨내야 하는 싸움이었다.

　경제적 부담도 만만치 않다. 6대 마라톤 완주는 단순한 대회 참가가 아니다. 전 세계를 돌며 완주해야 한다. 비행기 티켓, 숙박비,

대회 참가비 등 적지 않은 비용이 든다. 한국의 마라톤 대회 참가비는 약 5만 원에서 10만 원. 6대 마라톤 참가비는 약 70만 원에서 100만 원이다. 이게 전부가 아니다. 왕복 항공권, 10배로 치솟는 마라톤 시즌 숙박비, 체류비까지 고려하면 비용 부담이 상당하다. 일정이 바쁠 때는 토요일 오전에 현지 도착 → 당일 엑스포에서 배번호 수령 → 일요일 새벽에 대회 참가 → 당일 밤 비행기로 귀국하는 초압축 일정도 감행했다. 체력적으로는 물론이고 이동하는 순간 순간 '제대로 하고 있는 걸까?'라는 의문이 들 때도 있었다.

"지금까지 달린 마라톤 중 가장 기억에 남는 대회가 무엇인가요?"라고 묻는다면 주저 없이 '런던 마라톤'이라고 답한다. 템스 강을 따라 달리고, 타워브릿지와 빅벤을 지나 버킹엄 궁전에서 피니시 라인을 통과하는 완벽한 코스. 이 대회가 더 특별한 이유는 단순히 멋진 코스 때문은 아니다. 이곳이 바로 꿈을 향한 마지막 종착점이었기 때문이다. 마지막 런던을 달릴 때, 나는 일부러 속도를 늦췄다. 달리는 순간은 여전히 고통스러웠지만, 그 고통조차 오래 느끼고 싶었다. "완주해버리면 꿈이 끝나버릴 테니까." 조금이라도 더 오래, 조금이라도 더 깊이 꿈을 갖고 있는 기분을 느끼고 싶었다.

결국 4시간 43분. 그 어느 때보다 긴 시간이었다. 마지막 꿈을 그렇게 완주했다. 결승선을 통과하자마자 눈물이 쏟아졌다. 메달을 걸어주던 자원봉사자들이 "왜 울어! 넌 정말 멋져, 대단해"라며 축하해줬다. 그 어떤 메달보다도 무거웠다. 내 꿈을 증명하는 무게였다.

대회가 끝나고도 메달을 계속 목에 걸고 있었다. 밥을 먹을 때도, 비행기를 탈 때도, 심지어 잠을 잘 때도. 조금씩 아려오는 어깨 통증조차도 아무렇지 않았다. 오히려 무게를 즐겼다. 그 메달은 내가 운영하는 빵집의 가장 빛이 잘 드는 곳에 걸려 있다. 액자에 담아 소중히 전시해두었다. 그 메달을 보기 위해 빵집에 찾아오는 러너들도 있다. 어쩌면 그들에게도 이 메달이 새로운 도전의 시작점이 될지도 모른다.

코로나 팬데믹이 아니었다면 만 27세에 세계 6대 마라톤을 완주했을지도 모른다. 하지만 조금 늦었다고 아쉽지는 않다. 왜냐하면 이 도전이 누군가에게 새로운 영감을 줄 수 있다면 그 자체로 의미가 있기 때문이다. "나도 도전해볼까?" 누군가가 내 이야기를 듣고 이렇게 생각하는 순간 이미 그 사람의 새로운 꿈이 시작된 것이다. 나도 그랬다. 누군가의 단 한 마디가 내 인생을 바꾸었듯이.

행복은 꿈꾸는 과정에 있다

우리는 흔히 "꿈을 이루면 행복할 거야"라고 생각한다. 원하는 대학에 합격하면, 목표한 직장에 들어가면, 이루고 싶은 무언가를 성취하면 마치 모든 것이 완벽해질 것처럼 말이다. 하지만 정말 그럴까? 여행 떠날 때를 떠올려보자. 정작 여행을 하는 순간보다도, 떠나기 전 일정을 계획하고, 짐을 꾸리고, 맛집을 찾아보며 설레는 시간이 더 행복하게 느껴지지 않는가? 기대감과 설렘이 가득한 그 과정 속에서 이미 여행을 즐기고 있는 것이다.

4년간 간절히 원했던 6대 마라톤 완주라는 꿈을 이룬 후 한동안 새로운 꿈이 없었다. 그때 처음으로 깨달았다. 행복은 목표를 이루는 순간이 아니라 그 꿈을 향해 나아가는 과정 속에 있었다는 것을.

가장 설레고, 가슴 뛰고, 삶의 의미를 느끼는 순간은 목표를 달성한 '그날'이 아니라 그 목표를 향해 도전하고 있는 '매일'에 있었다.

목표를 이루면 마치 영원히 행복할 것처럼 기대한다. 하지만 현실은 다르다. 꿈을 이루는 순간 기쁨은 강렬하지만 오래가지 않는다. 오히려 "이제 다음은 뭐지?"라는 공허함이 밀려온다. 마라톤을 완주한 날을 떠올려보자. 42.195km를 뛰면서 수많은 고비를 넘었고 마침내 결승선을 통과한다. 환호성과 함께 메달이 목에 걸린다. 그런데 그 환희의 순간은 생각보다 짧다. 뛰는 동안에는 "이걸 완주하면 세상을 다 가진 것처럼 행복할 거야!"라고 믿었지만 막상 결승선을 통과한 후에는 몇 시간도 채 지나지 않아 "이제 다음 목표는 뭐지?"라는 생각이 든다.

큰 목표를 이룬 후 몰려오는 허무함. 모든 것을 쏟아낼수록 그 공허함은 더욱 크다. 나도 마라톤을 완주한 후 몇 달 동안 달리고 싶은 대회를 찾기 어려웠다. 더 이상 설렘이 없었다. 그때 깨달았다. 진짜 행복은 결승선을 통과하는 순간이 아니라 그 과정 속에 있었다. 땀 흘리며 연습할 때, 조금씩 기록이 단축될 때, 한계를 극복하며 성장할 때. 그 순간들이야말로 가장 짜릿한 행복이었다.

꿈을 이루기 전의 과정은 때로 힘들고, 지루하며, 포기하고 싶을 때도 많다. 하지만 역설적이게도 그 과정 속에서 가장 살아있음을 느낀다. 어떤 목표는 처음 시작할 때의 설렘이 있다. 첫 러닝화를 신었을 때, 첫 연습을 시작했을 때, 첫 도전을 결심했을 때. 그 순간들이 모여 우리는 매일 작은 기대감을 품고 살아간다. J.K. 롤링이 '해리포터'를 출간하기 전 12번의 출판사 거절을 당했을 때를 떠올려보자. 그녀가 가장 행복했던 순간은 책이 세계적인 베스트셀러가 되었을 때가 아니라 밤을 새워 글을 쓰며 새로운 이야기를 만들어 가던 그 과정 속에 있지 않았을까? 우리는 꿈을 꾸는 동안 매일 작은 성취를 경험하고 그 과정에서 성장하며 목표를 향해 달려가는 '나 자신'을 사랑하게 된다. 그것이 진짜 행복이다.

목표를 이루었을 때 행복보다 꿈이 없는 상태에서 공허함이 더 깊다. 목표가 없는 삶은 정해진 길 없이 떠도는 배와 같기 때문이다. 어디로 가야 할지 모르니 매일이 비슷하고 가슴 뛰는 일도 줄어든다. 꿈이 있는 사람은 설레는 내일을 맞이할 준비가 되어 있다. 실패해도 다시 도전할 수 있고, 넘어져도 일어나 다시 달릴 이유가 있다. 하지만 꿈이 없다면 그저 하루하루를 흘려보내는 것뿐이다.

정답이 아니라 질문을 찾아가라

니체는 말한다. "인생의 정답이 아닌 질문을 찾아가야 한다." 삶을 정해진 답으로만 바라보는 것이 아니라 끊임없이 새로운 질문을 던지며 탐구하는 과정 자체에 의미를 두어야 한다. 목표 자체가 행복을 보장하는 것이 아니다. 그 목표를 향해 고민하고, 도전하고, 성장하는 과정 속에서 진짜 의미를 발견한다. 우리는 꿈을 향해 나아가며 자신에게 끊임없이 질문한다. "나는 왜 이 꿈을 꾸고 있는 걸까?",

"나는 어떤 방향으로 가야 할까?", "이 도전이 나에게 어떤 의미를 줄까?" 이 질문을 던지며 나아가는 순간순간 가장 살아있음을 느낀다.

어쩌면 나는 과정의 즐거움을 놓쳤기에 그 결과가 더 공허하게 다가왔던 것일지도 모른다. 여행하듯 즐기기보다는 빠르게 목표를 달성하는 것에 급급했고, 달리는 순간에도 한 나라에 단 48시간도 머물지 못한 채 한국으로 돌아와야만 했다. 결과에만 집중하면 과정의 즐거움을 놓치게 된다. 꿈을 이루는 날만 기다리는 것이 아니라 지금 이 순간 작은 성취를 즐겨야 했다. 마라톤을 완주하는 것만 중요한 게 아니라 매일 한 걸음씩 달리는 것이 중요하듯이.

니체는 '질문하는 삶'을 강조했다. 정답을 찾고 멈춰버리는 것이 아니라 늘 새로운 질문을 던지고 탐구하는 것. 그것이 삶을 더 깊고 의미 있게 만드는 힘이다. 행복도 마찬가지다. 완벽한 행복이라는 정답을 찾는 것이 아니라, "나는 어떤 꿈을 꾸고 있는가?", "어떤 방향으로 나아가야 하는가?" 이 질문을 던지며 나아가는 과정 속에서 더 큰 기쁨을 찾을 수 있다.

도전하고 성장하는 과정이 곧 행복이다. 행복은 목표를 이루는 '그 순간'에만 존재하는 것이 아니다. 도전하고 성장하는 과정 자체가 우리를 더 의미 있게 만든다. "내가 이 길을 가는 이유는 무엇인가?", "이 도전을 통해 무엇을 배우고 있는가?", "어떤 방식으로 성장하고 있는가?" 꿈을 향해 나아가는 동안, 이런 질문을 계속 던질 수 있다면 꿈을 이루기 전에도 이미 충분히 행복할 수 있다. 인생은 목표를 달성하는 것이 아니라 그 목표를 향해 걸어가는 과정에서 의미를 찾는 여정이 아닐까. 니체가 말한 "인생의 정답이 아닌 질문을 찾아가야 한다"는 말처럼, 행복도 정해진 답이 아니라 꿈을 향해 고민하고 도전하는 과정 속에서 찾아가는 것이다. 그러니 목표를 이루는 것만 바라보지 말고, 꿈 꾸는 지금 이 순간을 충분히 즐기자. 그 질문 속에서 우리는 더 깊이 살아갈 수 있으니까.

  요즘 나는 과거보다 더 천천히 달린다. 오늘 달린 거리를 재지 않기도 하고, 얼마나 빨리 달렸는지 시간을 체크하지도 않는다. 그저 목표로 하는 도착지를 반환하고 오거나 기분 좋을 타이밍에 돌아오기도 한다. 7대 마라톤을 모두 완주하면서 깨달았다. 달리기는 그냥 그 자체로 행할 때 가장 의미 있고 행복하다. 그리고 바란다. 내 꿈이 누군가의 또 다른 꿈이 되어 이 기록이 하루빨리 깨지기를.

스스로 내 삶을
디자인하다

러닝 전도사가 되기로 결심한 건 단순한 우연이 아니었다. 승무원의 꿈을 내려놓고, 더 이상 흔들리지 않는 안정적인 직업을 찾기로 했다. 운 좋게 대기업 계열의 L호텔에서 계약직 마케터로 일하게 됐다. 새로운 것을 시도할 수 있다는 점도, 설레는 공간에서 다양한 사람들을 맞이한다는 것도 내게 딱 맞았다. 정규직 전환을 목표로 오래 일하고 싶었다.

하지만 회사에서 '달리기를 좋아하는 20대 여성'은 어딘가 낯선 존재였던 것 같다. 퇴근 후 운동화로 갈아 신고 달리고, 주말이면 제주도나 울산으로 마라톤 원정을 떠나는 내 일상이 조용한 회사 생활 속에서 튀는 존재가 되었다. SNS를 통해 내 일상을 염탐하는 회사 내 사람들이 늘었고, 점점 더 많은 업무를 떠안게 됐다. 일을 소홀히 한다는 오해를 받고 싶지 않아서 출근 시간보다 한두 시간 일찍 나와 일을 시작했고, 점심시간에도 책상에서 샌드위치를 먹으며 업무를 이어갔다. 그 결과 호텔 역사상 처음으로 계약직 직원이 '이달의 호텔리어'로 선정되었다. 하지만 이상하게도 인정받을수록 더 눈치를 보게 됐다. 퇴근 후 달리기를 하고 오면 다음 날은 타 부서 과장님의 잔일까지 떠맡아야 했다.

그들이 원하는 건 '일을 열심히 하는 사람'이 아니라 함께 야근하고, 티타임을 갖고, 수다를 나누는 '같은 모양'의 사람이었다. 하지만 내 시간을 그렇게 소비하고 싶지 않았다. 일할 때는 집중해서 끝내고, 퇴근 후에는 온전히 나를 위한 시간을 갖고 싶었다. 어느 날 한 선배가 사내 메신저를 건넸다. "회사에 욕심이 없으면 다른 곳을 알아보세요." 아이러니하게도 누구보다 욕심을 내며 버텨온 나를 단숨에 내려놓게 만든 한 마디였다. 그렇게 회사 내에서 왕따가 되었고 극심한 스트레스와 불안으로 석 달 동안 생리가 멈췄다. "한 달만 더 버티면 퇴직급여라도 받을 텐데." 위로해주던 선배가 말했다. 하지만 돈보다 더 중요한 건 내 몸과 마음이었다. 나는 결국 사표를 냈다.

세상에는 다양한 삶의 모양이 있다. 동그라미, 네모, 삼각형, 별, 구름… 한번 떠올려 보자. '의사'라는 단어를 들었을 때, 떠오른 사람은 남자인가, 여자인가? 유모차를 밀며 산책하는 사람은 엄마인가, 아빠인가? 정답은 없다. 하지만 흥미로운 점은 이 답이 우리의 경험과 선입견에 따라 달라진다는 것이다. 우리의 뇌는 익숙한 방식대로 생각하고 행동하도록 설계되어 있다. 그래서 기존의 틀을 깨고 새로운 삶을 만든다는 건 쉽지 않은 일이다. 하지만 그 벽을 깨지 않으면 우리는 늘 같은 패턴 속에서 살아가게 된다. 회사를 떠나며 고민했다. '나는 어떤 모양의 삶을 살고 싶은가?' 그리고 새로운 질문을 던졌다. "러닝을 직업으로 삼을 수는 없을까?"

새로운 길을 만든다는 것

우리는 모두 크고 작은 기준과 고정관념 속에서 살아간다. 어떤 기준은 삶을 편리하고 안정적으로 만들어주지만, 때로는 우리를 가두고 더 넓은 가능성을 보지 못하게 만든다. 특히 새로운 길을 찾거나 도전할 때 이 보이지 않는 벽은 더욱 단단하게 느껴진다. 지금은 크리에이터라는 직업이 자연스럽게 받아들여지지만, 10년 전 러닝을 직업으로 삼겠다고 했을 때는 상황이 달랐다. "달리기로 직업을 만든다고? 그런 직업은 없어!", "넌 선수 출신도 아닌데, 그걸로 돈을 벌 수 있을까?", "그건 잠깐의 취미일 뿐이야. 안정적인 직업을 찾아야지" 이런 말들에 움츠러들기도 했다. 나 역시 스스로에게 말했다. '맞아, 전공자도 아니고, 이름 있는 회사에 다니는 게 더 안정적이겠지.' 하지만 시간이 지나면서 질문을 바꿔 보기로 했다. "왜 그런 직업이 없을까? 있던 직업도 사라지고, 없던 직업도 생겨나는 시대에. 없다면 내가 만들어보면 어떨까?"이 질문이 나를 움직이게 했다. 대기업에 사표를 내고 '러닝 전도사'라는 새로운 길을 만들기로 결심했다.

간디는 말했다. "세상이 변하길 원한다면, 먼저 당신이 변화하라." 목표를 이루기 위해 가장 먼저 달라져야 하는 것은 바로 나 자신이었다. 틀을 깨고 나아가야 한다. 목표를 이루기 위해 가장 먼저 나 자신부터 바꾸기로 했다. 먼저 나에게 1년의 시간을 투자해보자고 다짐했다. 퇴사 후에도 매일 '출근'했다. 출근지는 교보문고. 매일 아침 9시 30분 서점 문이 열리자마자 들어가 러닝과 글쓰기에 관한 책을 읽으며 스스로를 채웠다. 세계 곳곳을 달리며 경험과 노하우도 채웠다. 그리고 정확히 1년 후 내 이름으로 된 첫 번째 책이 출간되었다. 이 책은 커리어의 시작점이 되었다. 그 후 네 권의 책을 쓰고 강의를 하고 러닝 이벤트를 기획하며 새로운 직업을 만들어 나갔다.

러닝 전도사로 자리 잡은 후에도 내 삶은 끊임없이 변화했다. 그 중 가장 큰 변화는 임신과 출산이었다. "임산부가 운동을 하면 위험하지 않아?" 하지만 내가 찾은 자료는 달랐다. 미국 산부인과학회 연구에 따르면 임신 중 주 150분 이상의 중강도 운동은 산모와 태아 모두에게 긍정적인 영향을 준다고 했다. 나는 임신 9개월까지도 러닝을 지속했다. 건강 상태를 꾸준히 체크하며 강도를 조절했지만 끝까지 멈추지 않았다. 덕분에 스트레스 없이 건강한 임신 기간을 보냈고 아기도 자연분만으로 무사히 태어났다.

출산 후 또 다른 도전이 시작됐다. "출산하면 육아만으로도 바빠서 운동할 시간이 없을 거야." 하지만 나는 유아차를 끌고 달리는 방법을 찾아냈다. 처음엔 빈 유아차로 연습하며 사람들의 시선을 피하기도 했다. 하지만 점점 유아차 러닝을 즐기는 내 모습을 보고, 주변의 엄마와 아빠들도 함께 달리기 시작했다. 유아차 러닝은 단순한 운동이 아니었다. 부모와 아이가 함께 계절을 느끼고 유대감을 키울 수 있는 소중한 시간이 되었다. 지금은 많은 사람이 이 문화를 받아들이고 응원해준다. 이 경험을 통해 깨달았다. 삶의 모양은 고정된 것이 아니라 선택과 도전을 통해 끊임없이 확장된다는 것을.

삶의 벽을 허물기 위한 5가지 방법

우리 주변에는 보이지 않는 벽들이 많다. 사회적 편견일 수도 있고 스스로 만든 한계일 수도 있다. 하지만 이 벽들은 처음부터 견고한 것이 아니다. 작은 벽돌부터 허물기 시작하면 조금씩 무너져 새로운 길이 열린다.

1. 작은 행동부터 시작하기

모든 변화는 작은 한 걸음에서 시작된다. 나의 첫 러닝은 단 5분이었다. 그 작은 습관이 결국 내 삶을 완전히 바꾸어 놓았다. 우리는 종종 거대한 목표 앞에서 주저앉는다. "이걸 내가 해낼 수 있을까?" 하지만 그 거대한 산도 결국 한 걸음부터 시작된다. 아침에 눈을 뜨고 바로 운동화를 신는 것, 하루에 단 5분이라도 나를 위한 시간을 갖는 것. 이 작은 행동들이 쌓이면 결국 인생을 변화시킨다.

2. 연결 만들기

혼자가 아니라 함께할 때 우리의 행동은 더 큰 힘을 가진다. 사람들과 연결되는 것은 마치 퍼즐을 맞추는 것과 같다. 처음엔 어디에 맞춰야 할지 모르지만, 하나씩 연결하다 보면 큰 그림이 만들어진다. 함께 달리며 나누는 호흡이 새로운 우정을 만들고, "안녕하세요"라는 작은 인사가 하루를 바꿀 수도 있다. 이렇게 연결된 사람들은 서로를 응원하고 새로운 가능성을 열어준다. 사람과 사람 사이의 연결은 마치 전구에 불을 밝히는 전선 같다. 혼자서는 어둡고 막막한 길도 연결된 사람들과 함께라면 환히 비춰진다. 생각해보면 우리 삶에서 가장 빛나는 순간들은 혼자가 아니라 누군가와 이어진 바로 그 순간이었다.

3. 사회적 의미 더하기

내가 좋아하는 일이 다른 사람들에게도 도움이 된다면 어떨까? 예를 들어 러닝을 기부나 환경보호와 연결한다면? 나는 환경을 생각한 '쓰담원정대'와 여성의 도전을 응원하는 '탑걸즈 크루'로 작은 행동에 더 큰 가치를 담았다. 유아차 기부 런도 마찬가지다. 행동에 의미를 더하면 그 행동은 더 강한 힘을 가진다. 그냥 달리는 것이 아니라 함께 좋은 일을 한다는 자부심이 생기기도 한다.

작은 행동에 의미를 담아보자. 친구들과 달리며 지역 사회를 위한 캠페인을 시작해보는 것. 그것은 당신의 이야기가 되고 또 다른 사람들에게 영감을 줄 것이다. 행동에 의미를 더하면 그 행동은 더 큰 가치를 갖는다. 행동에 사회적 의미를 더하는 건 나 자신도 몰랐던 큰 가치를 발견하는 과정이기도 하다. 우리가 세상에 남길 수 있는 흔적, 그것은 이런 의미 있는 행동들로 만들어진다.

4. 두려움 이겨내기

새로운 것을 시도할 때 두려움은 당연한 감정이다. 하지만 두려움 뒤에는 항상 새로운 가능성이 숨어 있다. 두려움은 우리가 나아갈 수 있는 신호일지도 모른다. 임신 중 러닝을 할 때 주변에서 걱정과 반대가 많았다. "괜찮을까?" 그 시선들이 부담스러웠지만, 그 과정을 통해 임산부도 건강하게 운동할 수 있다는 걸 보여주었다. 두려움을 느낄 때 "이건 내가 성장할 기회야"라고 생각해보자. 한 걸음 내디딜 때마다 두려움은 점점 작아지고 자신감은 더 커질 것이다. 두려움은 때로 움츠러들게 하지만, 동시에 앞으로 나아가게 하는 동력이 되기도 한다. 두려움은 결국 우리가 더 나아가야 할 방향을 알려주는 나침반이다.

5. 행동으로 보여주기

 말만으로는 편견을 바꿀 수 없다. 행동으로 보여줄 때 사람들의 인식이 바뀌기 시작한다. 아무리 좋은 아이디어라도 행동으로 옮기지 않으면 그저 머릿속에 머물 뿐이다. 유아차 러닝 크루(캥거루 크루, Kangaroo Crew)를 만들고, 기부 활동과 캠페인을 진행한 것도 그런 이유였다. "이런 걸 해보고 싶어"라는 생각을 실천으로 옮기면, 그 행동이 주변 사람들에게도 영향을 미친다. 자신이 믿는 가치를 행동으로 보여주자. 그러면 진심이 전해지고, 그 진심이 또 다른 사람에게 영감을 줄 것이다. 우리는 늘 말로 무언가를 설명하려고 하지만 세상을 바꾸는 건 말이 아니라 행동이다.

 삶의 모양은 우리가 만드는 것이다. 익숙한 틀 안에만 머물러 있으면 삶은 단조롭기만 하다. 하지만 용기 있는 도전과 변화는 삶을 다채롭게 만든다. 나의 작은 한 걸음이 세상을 바꾼 출발점이 되었듯, 당신의 도전도 세상에 새로운 가능성을 만들어낼 수 있다.
 "왜 안 돼? 내가 한번 해볼게."
 이 한 마디가 삶의 새로운 모양을 그리는 출발점이 될 것이다.

나를 특별하게 만드는 브랜딩 기술

지금은 가정의학과에서 마음 치료를 받는 것이 자연스러운 일이 되었지만, 10년 전만 해도 '정신과'라는 단어에는 부정적인 시선이 따라붙었다. 당시 가족, 친구, 누구에게도 말하지 못한 마음의 병을 안고 있었다. 그러나 달리기를 통해 스스로를 치유했다. 처음부터 계획했던 것은 아니었다. 매사 쉽게 포기하고 끈기 없는 나였지만, 달리기만큼은 다르게 다가왔다. 뛰다 보면 머릿속이 정리되었고, 힘들어도 한 걸음씩 나아가며 어두운 터널을 빠져나올 수 있었다.

그러면서 생각했다. 나 같은 사람이 분명히 더 있을 거라고. 내 생각은 맞았다. 최근 조사에 따르면 우리 사회에는 약 60만 명의 '고립 은둔 청년'이 있다고 한다. 나와 같은 어려움을 겪는 사람이 이렇게 많다는 사실은 내가 걸어온 길이 누군가에게 도움이 될 수 있음을 깨닫게 했다.

달리기가 나를 변화시킨 것은 분명했지만, 문제는 그것을 어떻게 세상에 알릴 것인가였다. 회사라는 명함이나 울타리 없이 나 자신이 브랜드가 되어야 했다. 브랜딩은 단순히 사업을 하는 사람이나 크리에이터만 필요한 것이 아니다. 회사에서도, 가정에서도, 삶을 살아가는 모든 과정에서 '나'를 표현하는 것은 필수다. 나는 어떤 사람인지, 어떤 가치를 전하고 싶은지 끊임없이 고민했다. 많은 사람이 자기만의 브랜드를 만들고 싶어 하지만 대부분 "어디서부터 시작해야 할까?"라는 질문 앞에서 멈춰 선다.

나 역시 마찬가지였다. 하지만 전 직장에서 배운 마케팅 경험을 떠올리며, "회사가 아닌 나 자신을 마케팅해보자"라고 결심했다. 직접 부딪히며 나만의 전략을 만들어갔고 그 과정에서 몇 가지 중요한 원칙을 배웠다.

1. 내가 누구인지 먼저 정의하라

브랜딩의 시작은 "내가 누구인가?"를 명확하게 정의하는 것이다. 단순히 "나는 러닝을 좋아하는 사람이다"가 아니라 "러닝을 통해 어떤 가치를 전하고 싶은 사람인가?"라는 질문이 필요했다. "어떤 물건이다"가 아니라 "이 물건은 당신의 삶에 어떤 가치를 전할 것이다"라는 정의가 필요하다. 나는 러닝을 단순히 '운동'이 아니라 삶을 즐기는 방법, 새로운 경험을 여는 도구, 사람들과 연결되는 매개체로 바라보았다. 그리고 그것을 한마디로 정리했다. '러닝 전도사'. 광고계의 전설, 데이비드 오길비는 말했다. "브랜드는 사람들이 당신을 떠올릴 때 머릿속에 남는 이야기다." 내 브랜드가 무엇이 될지를 고민하는 사람이라면 다음 질문을 던져보자. '사람들이 나를 어떤 사람으로 기억하면 좋을까?' 이 질문에 대한 답을 찾으면 당신만의 브랜드가 시작된다.

2. 나만의 스토리를 만들어라

사람들은 단순한 정보나 스펙보다 '이야기'에 더 크게 반응한다. 브랜딩에서 가장 중요한 것은 '나만의 스토리'를 만드는 것이다. 나는 단순히 "러닝이 좋다"라고 말하는 것이 아니라 '러닝을 통해 삶이 어떻게 변화했는지'를 이야기했다. 눈물이 땀처럼 보이게 하려고 달렸던 5분, 퇴사 후 1년 동안 교보문고로 '출근'했던 일. 7번의 퇴사 후에 찾은 나의 진짜 직업. 이 모든 과정은 단순한 경험이 아니라 나만의 스토리가 되었다. 그리고 그 스토리가 있었기에 더 많은 사람에게 영감을 주고 나의 브랜드를 기억하게 만들었다. "사람들은 제품을 사는 것이 아니라 그 제품에 담긴 이야기를 산다." 러닝이 내 삶을 바꾼 것처럼 당신도 자신만의 이야기를 만들고 전해야 한다. 당신만의 이야기를 만들어라. 그리고 그것을 꾸준히 전하라. 그 스토리가 곧 당신을 특별하게 만들어줄 것이다.

3. 1%의 가능성을 믿어라

퇴사 후 1년 동안 교보문고로 출근했다. 앞서 그곳에서 러닝과 글쓰기에 대한 책을 읽었다고 밝혔지만 그 외에도 운동·여행·스포츠·관광 관련 매거진을 매일 탐독했다. 왜냐하면 '러닝 전도사'라는 직업을 알리고 싶었기 때문이다. 그것을 실현할 방법을 찾던 중 직접 매거진에 기고하면 어떨까 하는 생각이 들었다. 그렇게 매거진 맨 앞 페이지에 적힌 메일 주소를 보고 100곳에 투고 메일을 보냈다. 그중 10곳에서 답장이 왔고, 9곳은 정중하게 거절했다. 하지만 단 한 곳에서 "한번 해보자"라는 답변을 받았다. 100곳 중 1곳, 1%의 확률이었다. 하지만 그 1%가 내 인생을 바꿨다. 과연 1%는 도전할 가치도 없는 작은 확률일까? 지구 온도가 1도만 올라가도 생태계가 급격하게 변한다. 북극의 빙하는 녹고, 해수면이 상승하며, 기후 변화로 전 세계가 영향을 받는다. 건축에서 1mm의 오차가 나면, 건물의 수평이 틀어지고 시간이 지나면서 구조적으로 큰 문제를 초래할 수 있다. 1%의 차이는 결코 작은 것이 아니다. 그리고 그 1%를 만들기 위해서는 100번의 도전이 필요하다. 1%의 확률이 있기에 한 매거진에 매월 투고를 할 수 있었다.

4. 일관되게 이야기하라

브랜딩은 단순히 유명해지는 것이 아니다. 사람들이 나를 떠올릴 때 어떤 이미지가 그려지는가가 중요하다. 그러기 위해서는 일관

된 메시지와 이야기를 꾸준히 전달해야 한다. 매거진에서 내가 전하고 싶은 핵심 메시지는 항상 같았다. "달리기는 누구나 할 수 있는 즐거운 경험이며, 이를 통해 삶이 더 나아질 수 있다", "우리나라 곳곳에는 달리며 여행하기 좋은 곳이 참 많다. 몸과 식견을 깨우는 러닝을 하자." 이 과정에서 돈을 받지도, 출장비를 지원받지도 않았다. 하지만 매달 통영, 울산, 수원, 제주 등을 직접 찾아가 러닝을 취재하고, 사진을 찍고, 글을 썼다. 심지어 홍콩으로 해외 원정까지 갔다. 그렇게 작은 콘텐츠들이 차곡차곡 쌓여갔다. 어떤 플랫폼이든, 일관된 메시지를 꾸준히 전하면 사람들은 나를 더 쉽게 기억한다. 만약 오늘 러닝을 이야기했다가 내일은 전혀 다른 주제를 이야기하면 나만의 색깔을 찾기가 어렵다. 나의 이야기를 일관되게 꾸준히 진정성 있게 전달하는 것이 강한 브랜드를 만드는 방법이다.

5. 플랫폼을 활용하라

좋은 콘텐츠가 있어도 보여줄 곳이 없으면 아무도 알아주지 않는다. 나를 알릴 수 있는 플랫폼을 적극적으로 활용해야 한다. 러닝 전도사로서 브랜딩을 시작할 때 다양한 플랫폼을 활용했다. 처음에는 블로그와 SNS에서 러닝에 대한 이야기와 사진을 올렸고, 칼럼을 쓰면서 매거진과 온라인 뉴스 플랫폼에 기고했다. 또한 강연을 시작하면서 유튜브와 온라인 강의 플랫폼을 통해 더 많은 사람과 소통할 기회를 만들었다. 이처럼 각 플랫폼의 특징을 파악하고, 그에 맞는 방식으로 콘텐츠를 제작하면 더 효과적으로 나를 알릴 수 있다. 플랫폼을 활용하면 내가 움직이지 않아도 콘텐츠가 나를 대신해 홍보한다.

러닝, 브랜딩, 강연 등 내가 하는 모든 활동이 플랫폼을 통해 더 많은 사람에게 도달할 수 있도록 만드는 것이 중요하다. 세계적인 기업가 리처드 브랜슨은 말했다. "당신이 무언가를 원한다면 세상에 알려라. 아무도 모르면 아무 일도 일어나지 않는다." SNS도 마찬가지다. 글을 쓰고, 사진을 올리고, 내 이야기를 꾸준히 전달하면 결국 그것이 하나의 브랜드가 된다.

6. 유에서 유로 확장하라

아무것도 없는 상태에서 무언가를 만들어내는 것은 어렵다. 하지만 하나의 결과물을 기반으로 또 다른 결과물을 만들어내는 것은 훨씬 쉽다. '무에서 유를 창조하는 것'이 아니라 '유에서 또 다른 유를 만들어가는 것'이 중요하다. 처음에는 단순히 러닝의 즐거움을 알리고 싶어 매거진에 칼럼을 기고했다. 그 칼럼이 쌓이면서 책이 되었고, 책이 출간되자 강연 요청이 들어오기 시작했다. 강연을 하면서 사람들과 직접 소통할 기회가 많아졌고, 자연스럽게 같은 목표를 가진 러너들이 모이기 시작했다. 그렇게 함께 마라톤 여행을 떠나는 런 트립(run trip)을 기획하게 되었고, 러너들이 더 좋은 환경에서 달릴 수 있도록 다양한 러닝 이벤트와 행사를 운영하게 되었다. 그러다 보니 마라톤 대회 운영 능력이 쌓였고, 이제는 직접 마라톤 대행사를 운영하며 브랜드 홍보대사나 모델로도 활동하고 있다. 처음부터 "나는 마라톤 대행사를 운영할 거야!"라고 생각했던 것이 아니다. 그저 하나의 결과물에서 또 다른 확장을 시도했을 뿐이다. 이처럼 하나의 성과에서 또 다른 기회를 만들고, 그 기회를 기반으로 새로운 도전을 이어가는 것이다.

7. 잘하는 것과 결합하라

나를 브랜딩하는 과정에서 가장 중요한 것은 내가 좋아하는 것과 내가 잘하는 것을 결합하는 것이다. 나는 달리기를 좋아한다. 글을 쓰고, 영상을 만들고, 사진 찍는 일을 잘했다. 그렇다면 내가 해야 할 일은 단순했다. '달리기를 더 매력적으로 보이게 글을 쓰고, 영상을 만들고, 사진을 찍으면 되는 것' 나를 브랜딩 한다는 건 거창한 게 아니다. 지금 당장 내가 좋아하는 일에 내가 잘하는 것을 더하면 된다.

좋아하는 일 + 잘하는 일 = 나만의 브랜드

이 공식은 누구에게나 적용된다. 중요한 건 '내가 좋아하는 것을 어떻게 더 잘 표현할 수 있을까?' 고민하는 것. 그리고 그 방법을 하나씩 시도해보는 것이다. 내가 잘하는 방식으로 꾸준히 보여주는 것. 그것이 결국 세상에 '나'를 알리는 방법이다.

8. 계속 고민하라

100개 방법 중 1개가 성공했다고 멈추면 안 된다. 세상은 끊임없이 변화하고 흐르고 움직인다. 오늘 효과적이었던 방법이 내일도 유효할 거란 보장은 없다. 그렇기에 계속 고민하고, 트렌드를 읽고, 새로운 세대를 공부해야 한다. 나는 러닝 크루를 운영하고, 책을 쓰고, 강연을 하면서도 늘 고민했다. "지금 이 방식이 최선일까?", "다음 세대는 어떤 방식으로 소통할까?", "어떻게 하면 더 많은 사람에게 러닝의 가치를 알릴 수 있을까?" 그래서 SNS 트렌드를 따라가면서 릴스와 숏폼을 활용한 영상 콘텐츠를 만들기 시작했다. 새로운 세대가 관심을 가질 수 있도록 유아차 러닝, 러닝 패션, 웰니스를 접목한 콘텐츠를 연구했다. 또한 러닝과 기부를 결합한 새로운 형태의 이벤트를 기획하며, 사람들이 단순한 운동을 넘어 '의미 있는 달리기'를 경험할 수 있도록 했다.

철학자이자 생물학자인 찰스 다윈은 말했다. "가장 강한 종이 살아남는 것이 아니라 가장 잘 변화하는 종이 살아남는다." 성공적인 브랜딩이란 한 번 만들어놓고 끝나는 것이 아니다. 지금 나의 방식이 1년, 3년, 5년 후에도 유효할 거라는 보장은 없다. 따라서 계속해서 고민하고, 변화하고, 새롭게 시도해야 한다. 어제의 성공에 머물지 말고 계속 움직이며 앞으로 나아가자. 중요한 것은 '내가 진짜 좋아하는 일'을 '계속' 하는 것이다.

글을 쓰는 사람은
길을 잃지 않는다

처음부터 글쓰기를 즐기지는 않았다. 책을 좋아하지도 않았고, 국영수 중에 가장 자신 없는 과목은 늘 '국어'였다. 한국말은 모국어임에도 불구하고 국어를 배워야 한다는 것이 버거웠고, 책을 펼치면 늘 졸음이 왔다. 하얀 종이만 보면 한 문장을 시작하기도 어려웠고, 글을 잘 써야 한다는 압박감에 연필을 드는 것조차 망설여졌다.

그러던 내가 책을 썼다. 그것도 한 권이 아니라 여러 권을. 처음에는 '러닝 전도사'라는 내 직업을 알리고 싶어서 글을 쓰기 시작했지만, 글을 쓰면서 깨달은 것은 단순히 '책이 나온다'는 것보다 내가 성장하고 있다는 사실이었다. 과거의 나를 돌아보게 되었고, 현재의 나를 정의할 수 있었으며, 미래의 나를 구체적으로 그려볼 수 있었다. 머릿속에서만 맴돌던 생각들이 글로 정리되니 삶이 훨씬 명료해지고 단단해졌다. 지금도 많은 청년과 나를 찾아오는 사람들에게 "글을 써보세요"라고 권한다. 책을 출간하지 않아도 누군가에게 보여주지 않아도 괜찮다. 다만 글을 쓰면서 변화하는 자신을 경험해보면 좋겠다. 글쓰기는 단순한 기록이 아니다. 글을 쓰는 순간부터 스스로를 더 깊이 이해하고 더 나아가게 된다.

왜 글쓰기가 중요한가?

글을 쓰면서 내가 누구인지 더욱 선명하게 알게 되었다. 예전에는 머릿속에서 막연하게 생각만 했던 것들이 많았다. "나는 어떤 사람이지?", "내가 원하는 건 뭘까?", "앞으로 어떻게 살고 싶지?" 이런 질문들은 그냥 생각만 할 때는 정리가 되지 않는다. 하지만 글을 쓰기 시작하면, 문장을 만들고 구조를 정리하는 과정에서 내 생각이 정리되고 답을 찾게 된다. 누구나 인생을 살아가면서 고민하고 방황한다. 그런 고민을 해결하는 가장 쉬운 방법이 바로 '글쓰기'다. 글을 쓰는 동안 우리는 과거를 돌아보고, 현재를 정리하고, 미래를 설계할 수 있다.

첫째, 글을 쓰면 과거를 정리하고 보내줄 수 있다

글을 쓰면서 과거의 나를 마주해야 했다. 책을 쓰기 위해 처음 원고를 정리할 때 오래전의 내 모습을 떠올리며 '이 이야기를 써야 할까?' 고민한 적도 많았다. 한때 부끄러웠던 일, 후회했던 선택, 실수했던 순간들을 다시 마주해야 했기 때문이다. 하얀색의 빈 파일에 커서만 깜빡인 채 부끄럽고 아팠던 과거를 꺼내야 하는 순간에는 한 자도 적지 못하고 밤새도록 울어버린 적도 있었다. 하지만 글을 쓰며 깨달았다. 그 순간들이 있었기에 지금의 내가 있는 거구나. 마치 일기를 쓰듯 과거의 나와 대화를 나누었다. 오랜 시간이 흘렀지만 다시 과거 나의 마음을 들여다보았고, 과거의 나에게 위로를 건넸다. 결국 그 모든 순간을 받아들이고 쿨하게 보내줄 수 있었다. 책을 쓰면서 가장 크게 성장한 부분이 바로 이것이다. 과거의 나를 정리하면, 지금의 나를 더 사랑할 수 있게 된다. 과거의 내가 더 이상 부끄럽게 느껴지지 않아 떳떳해진다.

둘째, 글을 쓰면 현재의 나를 더 잘 이해할 수 있다

늘 바쁘게 살아가면서도 정작 "나는 지금 어디쯤 와 있지?"라는 질문은 하지 않는다. 그런데 글을 쓰다 보면 자연스럽게 지금의 나를 객관적으로 바라보게 된다. "나는 지금 어떤 생각을 하고 있지?", "내가 정말 원하는 건 뭘까?", "요즘 나는 어떤 감정을 자주 느끼지?" 책을 쓰면서 내가 어떤 철학을 가지고 있는지, 어떤 가치를 중요하게 여기는지 정리할 수 있었다. 강연을 할 때도, 글로 정리된 생각늘이 있있기에 누가 어떤 질문을 해도 쉽게 대답할 수 있었다. 러닝을 좋아하는 이유, 사람들과 함께 달리는 이유, 베이커리 카페를 운영하는 이유. 이 모든 것이 막연히 떠도는 감정이 아니라 글로 정리된 명확한 신념이 되었다.

셋째, 글을 쓰면 미래의 나를 구체적으로 그릴 수 있다

막연한 꿈은 실현되기 어렵다. 하지만 글로 기록하면 꿈이 현실로 가까워진다. 예를 들어 광화문에서 유아차 러닝 1,000가족이 함께 달리는 장면을 상상한다. 그것을 글로 적었다. "2025년에는 1,000가족과 함께 유아차 러닝을 할 것이다." 사람들은 내게 물었다. "그게 가능할까요?" 하지만 나는 이미 글을 통해 그 장면을 생생하게 그리고 있었고, 실제로 이루어지리라는 확신이 들었다. 꿈을 글로 적으면 생각이 행동이 되고, 행동이 결과를 만든다.

글은 어떻게 쓰는 걸까?

많은 사람이 글쓰기를 어려워한다. "나는 글을 잘 못 써요", "어떻게 시작해야 할지 모르겠어요." 글쓰기에 '잘 쓰는 법'이 따로 있는 건 아니다. 중요한 건 일단 쓰는 것이다. 다음과 같은 방법을 추천한다.

1. 하루 한 줄이라도 좋다. 처음부터 완벽한 글을 쓰려고 하지 말자. "오늘 하루 가장 기억에 남는 순간은?" 같은 간단한 질문부터 시작해도 된다.

2. 육하원칙을 활용해 보자. 머릿속에서만 맴돌던 생각이 글로 정리되지 않는다면, 육하원칙(누가, 언제, 어디서, 무엇을, 왜, 어떻게)을 활

용해 보자. 생각이 자연스럽게 정리된다.

3. 감정을 솔직하게 써보자. 글을 쓸 때 꾸미려고 하면 어렵다. 그냥 나 자신에게 편지를 쓰듯이 솔직하게 써보자. 길다고 무조건 좋은 글이 아니다. 간결할수록 쉽게 읽힐수록 좋다. 나중에 다시 읽으면 내 마음을 더 깊이 이해할 수 있다.

4. 녹음을 해보자. 처음에 어떻게 시작해야 할지 어렵다면 친구나 동생에게 이야기하듯 편하게 핸드폰에 녹음하자. 글을 쓴다는 건 막연하지만, 내 이야기를 하는 건 술술 나오기 마련이다.

5. 글을 공개해보자. 처음엔 혼자 써도 좋지만 나중엔 누군가와 공유해보자. SNS에 올리거나 친구에게 보내거나 블로그에 기록하는 것도 좋다. 내 생각을 글로 표현하는 것이 익숙해질수록 더 좋은 글을 쓸 수 있다.

6. 온몸으로 글을 쓰자. 책상에 앉아 쓰는 글보다는 달리면서 쓰는 글의 농도가 훨씬 진하다는 걸 배웠다. 새로운 배움이 떠오르기도 하고, 솔직한 감정을 더 자주 맞이하게 된다. 이 책의 절반 이상도 달리며 썼다. 어떻게 달리며 썼냐고? 문구나 아이디어가 떠오르면 핸드폰에 녹음했다가 집이나 사무실에 돌아왔을 때 글로 옮겼다.

글을 쓰면 삶이 바뀐다

하루에도 수많은 생각을 하지만 대부분 스쳐 지나간다. 하지만 글을 쓴다고 마음먹는 순간 그 생각들은 선명한 형태를 갖추고 논리적으로 정리된다. 글을 쓴다는 것은 단순한 기록이 아니라 내 머릿속에 흩어진 조각들을 모아 하나의 구조를 만들고, 그것을 통해 더 깊이 사고하는 과정이다.

철학자 프랜시스 베이컨은 말했다. "읽기는 충만함을 만들고, 말하기는 준비됨을 만들며, 쓰기는 정확함을 만든다." 즉, 글을 쓰는 과정에서 우리는 더 명료하게 사고하고, 단순한 감정이 아닌 논리적인 사고를 발전시킬 수 있다. 소설가 조지 오웰은 "명확하게 쓰는 것은 명확하게 사고하는 것이며, 명확하게 사고하는 것은 자유로운 인간이 되는 것이다."라고 했다. 글을 쓰는 것은 단순한 언어의 조작이 아니라 스스로 사고하고 자신을 정의하는 과정이다. 그렇기에 글을 통해 자신의 생각을 더 깊이 탐구하고, 스스로에게 질문하며, 더 나은 답을 찾아 나갈 수 있다.

러닝을 하면서 많은 것을 배웠지만 글을 쓰면서 가장 크게 성장했다. 과거를 정리하면서 나를 더 사랑하게 되었고, 현재를 정리하면서 내 삶의 방향을 명확히 할 수 있었다. 미래를 글로 그리면서 꿈을 현실로 만들 수 있었다. 결과적으로 내가 '러닝 전도사'라는 직업을 알리기 위해 책을 출간했던 것처럼 나의 생각에 공감해주고 함께 달려주는 이들이 많아졌다. 그래서 지금도 글을 쓴다. 글쓰기를 고민하는 사람들에게 이렇게 말하고 싶다.

"일단 써보세요. 서툴러도 괜찮아요.

글은 쓰는 순간부터 당신은 더 성장하게 될 거예요."

베이킹으로
다시 일어서다

나는 달리기를 '위로'라고 정의한다. 달리는 순간만큼은 그 어떤 심신안정제보다 나를 더 편안하게 해주고, 좋은 사람이 되고 싶게 만든다. 그리고 나에게 또 다른 '위로'가 있다. 바로 베이킹이다. 이 둘의 공통점은 내가 바닥을 쳤을 때 다시 일어설 수 있도록 도와줬다는 것이다. 코로나19로 모든 것이 멈췄을 때 숨통이라도 트일 것 같아 평소 좋아하던 빵을 배워보기로 했다. 매일 3시간씩 한 달간 빵을 구웠다. 처음에는 불안했고, 조급했고, 남과 비교하며 위축되기도 했다. 하지만 한 달이 지나자 여유가 생겼고, 마음은 한결 평온해졌다.

빵을 만드는 시간은 나에게 온전한 위로가 되었다. 체온보다도 살짝 따뜻한 반죽을 손으로 느끼고, 치대고, 모양을 만들어가는 과정은 내 마음을 다독였다. 빵이 발효되는 동안 조급해하지 않고 여유를 갖는 법도 익혔다. 그리고 깨달았다. 달리기가 나를 살려냈던 것처럼 베이킹 또한 내 삶을 따뜻하게 만들어주고 있었다.

소년원에서 이루어지는 제빵 교육

알고 보니 소년원에서도 제빵 교육이 이루어지고 있었다. 단순히 기술을 배우는 것이 아니라 빵을 만드는 과정 자체가 삶을 변화시키는 힘을 갖고 있었다.

1. 규칙적인 생활 습관 형성. 빵을 만들려면 정해진 과정과 시간을 철저히 지켜야 한다. 매일 같은 시간에 반죽을 준비하고, 발효하고, 굽는 과정이 반복되며 자연스럽게 규칙적인 생활이 몸에 익는다.

2. 책임감과 인내심 향상. 반죽을 숙성시키는 동안 기다릴 줄 알아야 하고, 작은 실수 하나로도 결과가 달라질 수 있기에 책임감을 갖고 집중해야 한다.

3. 자신감 회복. 직접 만든 빵이 구워졌을 때 느끼는 성취감은 크다. "내가 해냈다!"는 작은 성공 경험이 쌓이며 자신에 대한 믿음이 생긴다.

4. 힐링과 정서 안정. 반죽을 손으로 만지고, 따뜻한 빵이 구워지는 향을 맡으면서 마음이 차분해진다. 이는 자연스럽게 정서적 안정감을 준다. 빵을 만든다는 것은 단순히 요리를 배우는 것이 아니

라 마음을 치유하는 과정이기도 했다.

베이킹에서 시작된 도전, 빵집 창업

한 달간의 베이킹 수업이 끝난 후 더 깊이 도전해 보고 싶어 제빵기능사 자격증에 도전했다. 필기시험에 합격하고, 실기시험을 위해 집에서 수없이 연습했다. 제빵기능사와 제과기능사, 두 개 자격증을 한 번에 취득했다. 자신감이 충만해진 나는 "언젠가 내 이름을 건 빵집을 차릴 수도 있겠지?" 하며 강연에서 이 이야기를 종종 꺼냈다. 그런데 어느 날 강의를 마치고 내려오면서 문득 스스로가 부끄러워졌다. "사람들에게 도전하라고 이야기하면서 정작 나는 시도조차 하지 않고 있잖아."

잊을 수 없는 그날, 2021년 11월 1일. 빵집을 열기로 결심했다. 바로 상권 조사를 시작했고, 6개월 후 내 이름을 건 빵집이 문을 열었다. 잘되면 더없이 좋은 일이고, 실패하더라도 그 또한 내 스토리가 될 거라고 생각했다. 달리기처럼 '위로'의 힘을 믿었기에 두려울 것이 없었다.

빵과 달리기의 공통점

언뜻 보면 전혀 다른 활동처럼 보이지만, 사실 빵과 달리기는 놀라울 정도로 닮아 있다.

1. 꾸준함이 만들어내는 변화. 반죽을 치대고, 발효시키고, 굽는 과

정은 단 한 번의 노력으로 완성되지 않는다. 러닝도 마찬가지다. 처음에는 숨이 차고 포기하고 싶지만 꾸준히 달리다 보면 점점 거리가 늘고 속도가 붙는다.

  2. **과정이 결과를 만든다.** 제빵에서 반죽을 덜 치대거나 발효를 서두르면 좋은 빵이 나올 수 없다. 러닝도 훈련 없이 무리하면 부상으로 이어진다. 모든 과정이 중요한 법이다.

  3. **기다림이 필요하다.** 빵을 만들 때 발효 시간을 무시하면 원하는 결과가 나오지 않는다. 러닝도 마찬가지다. 성급하게 기록을 단축하려 하면 오히려 몸이 망가진다.

  4. **나만의 리듬을 찾아야 한다.** 같은 레시피를 사용해도, 제빵사마다 결과물은 다르다. 러닝도 각자의 체력과 목표에 맞는 페이스를 찾아야 한다.

  5. **결국 즐기는 사람이 이긴다.** 즐겁고 정성스럽게 만든 빵이 더 맛있는 것처럼 러닝도 과정 자체를 즐길 때 오래 지속할 수 있다.

좋아하는 것들의 완전체

  주력 상품은 포르투갈식 에그타르트다. 원래 에그타르트를 유난히 좋아했다. 해외여행을 가면 반드시 그 지역에서 가장 유명한 에그타르트를 찾아 맛을 보았고, 국내 출장이나 여행을 가서도 마찬가지였다. 다양한 곳에서 많이 먹어본 덕분에 정말 맛있는 에그타르트가 어떤 맛인지 누구보다 잘 알고 있었다. 신기하게도 매일 먹어도 질리지 않는 유일한 빵이었다.

  매장을 오픈하기 전까지 나의 레시피를 찾아야만 했다. 문제는 집에는 작은 가정용 토스트 오븐밖에 없었다. 한 번에 구울 수 있는 에그타르트는 겨우 3개. 어차피 코로나로 5인 이상 모일 수도 없었다. 그래서 매일 6개를 구워 2개는 내가 먹고, 나머지 4개는 달리면서 만난 사람들에게 나눠주었다. 솔직히 두려웠다. '내가 만든 디저트를 정말 손님에게 판매할 수 있을까?' 하지만 매일같이 "이거 팔아도 되겠어요!"라는 피드백을 받으면서 점점 자신감이 생겼다. 결과물로 나를 정의하는 나눔. 그 경험이 달리기만큼이나 행복했다.

  가장 특별한 러닝 코스를 물으면 언제나 수원화성 성곽을 꼽는다. 5.5km 성곽길을 따라 달리면 마치 스스로 왕이 된 듯하고, 오르막과 내리막의 조화가 달리기의 재미를 더해준다. 그래서 나의 베이커리 카페는 수원화성 성곽 바로 앞에 자리 잡았다. 주말이면 손님들과 함께 수원화성 역사 러닝 투어를 떠난다. 함께 코스를 달리고, 역사를 이야기하고, 운동도 하고, 마지막에는 향긋한 커피와 에그타르트를 나눈다. 내가 좋아하는 경험을 공유하는 것이 즐거웠다. 달리기 경험, 근사한 풍경의 경험, 맛있는 빵의 경험. 이 세 가지는 내가 좋아하는 것들의 완전체였다.

  빵집을 운영하며 웃기도 하고 울기도 한다. 여전히 배우고 실수를 반복하며 성장하고 있다. 너무 지칠 때도 있지만, 그럴 때면 판매용이 아닌 내가 먹고 싶은 빵을 잔뜩 만들어 가족과 나눈다. 앞으로도 나는 안주하지 않을 것이다. 새로운 빵을 개발하고, 더 맛있는 레시피를 연구하고, 더 많은 사람과 경험을 나누는 것. 그 모든 과정이 또 다른 도전이 될 것이다. 도전은 언제나 두렵지만 한 걸음 내딛는 순간부터 길이 보일 것이다.

밀가루, 물, 설탕. 단 세 가지 재료만 있으면 빵이 만들어진다. 그 빵은 누군가의 아침이 되고, 위로가 되고, 희망이 된다. 오늘도 나는 새벽에는 빵을 굽고, 낮에는 달리며, 저녁에는 글을 쓴다. 앞으로도 계속 도전할 것이다. 누군가의 하루를 더 달콤하고 더 향긋하게 만들어주기 위해 내일도 다시 빵을 구울 것이다.

위로가 필요하거나 삶에 여유가 간절할 때 달리기도 좋지만 가끔 베이킹을 추천하고 싶다. 부드러운 반죽을 손으로 천천히 만지며 차분해지는 마음을 느껴보자. 오븐에서 갓 구워져 나온 따뜻한 빵 냄새가 마음을 포근하게 감싸줄 것이다. 달리기와 베이킹 모두 힘든 생각을 잠시 잊고 오롯이 나에게 집중하는 순간을 선물한다. 당신에게 '위로'가 되는 것은 무엇인가?

빵과 러닝으로
사람을 연결하다

단순히 빵집만 운영하는 게 아니라 더 많은 사람이 빵과 달리기로 위로받게 하고 싶었다. 그래서 빵집을 '경험을 나누는 공간'으로 만들었다. 빵집의 이름은 '달리당'. 겉으로는 단순히 '달달한 음식이 있는 공간', '달리는 공간'처럼 보이지만, 사실 한자의 의미도 담겨 있다.

통달할 달(達), 다스릴 리(理), 집 당(堂).

이치를 통달하고 스스로를 다스리는 공간이라는 뜻이다. 잠시 도심을 벗어나 이곳을 달리며 여행하듯 몸과 마음을 움직이고, 달콤한 빵으로 작은 행복을 느끼며 삶의 여유를 되찾길 바랐다.

빵집에서 시작된 러닝 베이스의 탄생

러닝을 하면서 자연스럽게 터득한 것이 있다. 혼자 달리는 것도 좋지만 함께 달릴 때 더 많은 이야기가 만들어진다. 혼자였으면 끝까지 달리지 못했을 길도 함께라면 한 걸음 더 내디딜 용기가 생긴다. 러닝이 단순한 운동이 아니라 사람을 연결하는 힘이 있다는 걸 깨달았다. 이 깨달음이 '러닝 베이스'를 만들겠다는 생각으로 이어졌다.

러닝을 하다 보면 항상 물을 찾고 쉬어갈 곳을 고민한다. 땀을 흘린 뒤 커피 한 잔을 마시며 러닝 이야기를 나누는 순간이 얼마나 소중한지 안다. 특히 코로나19로 많은 공간이 문을 닫고, 모임이 어려웠던 시기에 누구나 편하게 찾을 수 있는 공간이 필요했다. 그래서 단순히 빵을 사고 커피를 마시는 곳이 아니라 러너들이 자연스럽게 모여 서로의 경험을 나누고, 새로운 도전을 계획하며 함께 성장할 수 있는 공간이 되길 바랐다.

달콤한 에그타르트를 먹으며 잠시 쉬는 순간도 좋지만, 주말마다 손님들과 함께하는 '수원화성 역사 RUN 투어'를 진행할 때마다 빵집을 열길 정말 잘했다고 생각한다. 이 러닝 투어는 단순한 운동이 아니라 여행에 가깝다. 정조의 기운을 느끼며 역사적인 장소들을 돌아보고, 사진을 찍고, 근처 맛집도 소개한다. 그래서 남녀노소 누구나 쉽게 참여할 수 있다. 최연소는 5살, 부모님을 모시고 온 대학생도 있었고, 신혼부부나 커플도 있었다. 심지어 강아지도 함께 한다. 그만큼 달리기에도 여행에도 좋은 코스다.

처음에는 러너들이 주로 참여했지만, 이제는 달리기를 하지 않던 사람들도 역사 RUN 투어를 통해 러닝의 즐거움과 성취감을 느낀다. 그리고 새로운 러너가 된다. 이렇게 인연이 시작되고 연결이 만들어진다. "달리며 찍어드리는 사진은 서비스입니다." 이 작은 배려가 사람들에게 특별한 기억으로 남는다.

계절에 따라 시간대에 따라 코스를 달리기도 한다. 벚꽃이 흐드러지게 피는 시기에는 팔달산의 벚꽃 길을 달리고, 보름달이 뜨면 용연에 비친 달을 보기 위해 수원의 8경인 용지대월(龍池待月)로 향한다. 노을이 지는 시간에는 사랑이 싹트는 비밀의 선셋 코스를 달린다. 어느새 사람들은 나를 보고 이렇게 부른다.

'살아있는 수원 백과사전'

하지만 처음부터 역사를 좋아했던 것은 아니었다. 오히려 학창 시절에는 가장 싫어했던 과목이었다. 그런데 내가 좋아하는 것을 더 소중하고 오래 간직하고 싶다는 마음이 가장 싫어했던 역사 공부를 스스로 하게 만들었다. 정조, 수원화성 축조에 대한 모든 책을 읽고, 정조의 아버지 사도세자, 할아버지 영조까지 역사를 탐구하며 혜경궁 홍씨에 대한 역사 예능 프로그램도 빠짐없이 챙겨보았다. 책에서 얻을 수 없는 재미있는 이야기들을 알기 위해 수원화성의 여러 단독 가이드 투어에도 참가했다. 그렇게 달리기와 역사가 연결되었고, 런투어 대본을 쓰는 일이 즐거워졌다.

한 가지 일을 꾸준히 하면 새로운 기회가 찾아온다

한 가지 일을 즐겁게 꾸준히 하다보면 놀라운 일들이 벌어지기도 한다. 같은 상권에서 나를 알아보는 사장님과 주민들이 많아지셨다. 혼자 산책을 다닐 때면 오늘은 왜 달리지 않고 혼자 걷냐고 묻기도 하신다.

어느 날 '수원시'에서 연락이 왔다. 수원시 1인 가구를 위한 프로그램을 만들어야 하는데 콘셉트가 너무 좋다며 역사 RUN 투어 프로그램을 같이 해보고 싶다고 했다. '수원문화재단'에서도 연락이 왔다. 수원에는 1년에 한 번 열리는 가장 큰 축제가 있다. 한 달 내내 진행되는 '수원화성문화재' 시즌에 역사 플로깅을 하며 수원화성 역사도 설명하고, 달리며 쓰레기를 줍는 플로깅을 하자고 제안이 왔다. '문화체육관광부'에서도 연락이 왔다. 무장애길로 선정된 수원에서 거동이 불편한 분들과 역사, 스포츠 여행을 떠날 건데 수원 코스를 리딩해 달라는 제안이었다.

사람들은 묻는다. "왜 베이커리 카페에서 러닝 모임을 운영하나요?" 하지만 나에게는 이보다 더 자연스러운 조합이 없다. 빵은 정성을 들이고 기다려야 완성되는 음식이다. 러닝도 마찬가지다. 꾸준히 한 걸음씩 나아가야 성장할 수 있다. 무엇보다 빵과 러닝은 사람을 연결한다. 함께 빵을 나누며 이야기하는 시간, 러닝을 마치고 테이블에 둘러앉아 커피 한 잔을 마시며 서로의 목표를 이야기하는 순간. 이것이야말로 내가 꿈꾸는 '러닝 베이스'의 모습이다.

나는 이곳이 단순한 빵집이 아니라 누군가의 새로운 도전이 시작되는 공간이 되길 바란다. 러닝을 처음 시작하는 사람, 새로운 목표를 향해 도전하는 사람, 더 나은 기록을 위해 노력하는 사람, 매장에 걸린 6성 메달을 보고 새로운 꿈을 꾸는 사람. 무엇보다 함께 달리는 것이 즐거운 사람들. 이곳에서 새로운 러닝이 시작되고, 새로운 만남이 이루어지고, 새로운 꿈이 자라나길 기대한다. 내일도 이 공간에서 새로운 도전이 시작될 것이다.

250킬로미터와
250만 원

첫 기부는 2019년 4월이었다. 3년 동안 길러온 머리카락을 잘라 소아암 환우를 위한 가발 제작에 기부했다. 이를 위해 한 번도 염색이나 파마를 하지 않았다. 내가 기증한 가발을 쓰게 될 아이가 힘든 치료 과정 속에서도 포기하지 않는 용기를 얻었으면 하는 마음에서였다. 그래서 늘 긍정적인 생각을 하며 많은 곳을 달리고 새로운 도전에 나섰다. 기부는 부자만 할 수 있는 것이라 생각했다. 하지만 그 시작은 거창할 필요가 없었다. 돈이 아니라 마음이 작은 실천이 나눔이 될 수 있다는 것을 알게 되었다.

운동을 좋아하던 아버지 덕분에 어릴 때부터 활동적인 편이었지만, 나는 폐에 상처와 작은 구멍이 있어 계단을 오르거나 언덕을 오를 때 남들보다 훨씬 숨이 찼다. 하지만 달리기를 시작하면서 내 몸은 점점 강해졌고, 결국 누구보다 건강한 폐와 튼튼한 다리를 갖게 되었다. 달리기는 나에게 단순한 운동이 아니라 삶을 바꿀 기회가 되었다. 꿈도, 목표도, 의욕도 없던 내가 '달리기의 즐거움을 더 많은 사람에게 알리고 싶다'는 새로운 목표를 갖게 된 것이다. 그 과정에서 중요한 깨달음도 얻었다. 장거리를 달리려면 혼자보다 함께하는 것이 중요하다는 것, 그리고 기부 러닝을 통해 한 사람 한 사람이 모이면 더 큰 힘이 된다는 것. 내가 달리기로 얻은 이런 변화와 사랑을 나누고 싶었다. 그래서 사막 마라톤 크라우드 펀딩을 기획했다.

250km 사막 마라톤, 그리고 크라우드 펀딩

오랜 꿈이었던 사막 마라톤에 도전했다. 7일간 매일 40km를 달리며 초원, 모래, 강, 언덕, 바위를 지나야 하는 극한의 레이스. 외부 도움 없이 휴대전화도 사용할 수 없는 상황에서 250km를 오직 자신의 신체와 필수 장비만으로 완주해야 한다. 혼자 도전하는 것도 의미 있지만, 늘 그래왔듯 함께하고 싶었다. 그래서 크라우드 펀딩으로 기부금을 모아 필요한 곳에 전달하기로 했다. 단순한 후원이 아니라 참여자들에게 의미 있는 리워드를 제공했다. 혼자서는 작지만 모두가 함께하면 큰 힘이 될 것이라 믿었다. 기부가 금액이 아니라 마음에서 시작된다는 것을 알리고 싶었다. 돈이 아니라 정성이면 충분하고, 작은 용돈이라도 의미 있는 나눔이 될 수 있다는 것을 보여주고 싶었다.

기부처는 한국소아암재단으로 정했다. 매년 약 1,500명의 아이가 소아암, 백혈병 진단을 받는다. 전국적으로 3~4만 명의 아이들이 항암 치료와 수술을 견디며 암과 싸우고 있다. 첫 기부가 머리카락 기부였다면, 이번에는 달리기를 통해 나눔을 실천하고 싶었다. 목표 금액은 250만 원. 250km라는 거리에서 착안한 숫자였다. 한 사람 한 사람이 모이면 기적을 만들 수 있다는 희망을 전하고 싶었다.

한 발 한 발 내딛다 보면 끝도 보이지 않는 피니시 라인에 도착할 수 있는 것처럼 아이들도 힘겨운 치료를 이겨내다 보면 언젠가 '완치'라는 피니시 라인에 도달할 수 있다는 용기를 주고 싶었다. 어쩌면 지원을 받은 아이가 훗날 건강을 되찾아 사막 마라톤을 뛰게 될지도 모른다. 리워드는 금액에 따라 현수막에 후원자 이름을 새기거나 엽서와 메달을 제작해 보내는 등 의미 있는 방식으로 구성했다. 기부자들의 이름과 응원이 나를 지켜줄 것 같았다. 그렇게 후원자의 이름이 새겨진 현수막을 소중히 껴안고 몽골로 향했다.

함께라서 완주할 수 있었다

장거리를 달릴수록 깨닫는다. 결코 혼자서는 완주할 수 없다는 것을. 이번에도 포기할 수 없는 이유들을 가슴에 품고 몽골로 떠났다. 250km의 사막을 달리는 동안 가장 힘든 순간마다 배낭 속에서

꺼낸 것은 물도 포도당 캔디도 아니고 후원자 이름이 적힌 현수막이었다. 손이 닿을 때마다 한 명씩 떠올렸다. "이 사람들이 나를 믿고 함께 뛰고 있다." 그 생각이 발을 다시 앞으로 내딛게 만들었다. 매일 생각하고, 매일 함께하고, 매일 달렸다. 포기하고 싶을 때는 배낭의 손이 잘 닿는 곳에 꽂아둔 현수막을 만지작거리며 그들을 생각했다. 그 사람들이 함께 발걸음을 맞춰주었고, 쓰러져 있을 때는 나를 일으켜 세워 주었다. 포기하지 않을 이유였다. 그리고 마침내 최종 78명의 후원자가 모여 총 522만 원의 기부금이 쌓였다. 리워드와 배송비를 제외하고 총 450만 원을 기부했다. 목표했던 250만 원을 훌쩍 넘어선 순간이었다. 공자는 말했다. "당신이 가진 것을 나누면, 당신이 가진 것은 두 배가 된다." 기부를 통해 내가 받은 것은 돈으로 환산할 수 없는 값진 경험과 감동이었다.

함께 달려주는 후원자들이 아니었다면 끝까지 완주하지 못했을 것이다. 사랑하는 달리기를 통해 누군가를 도울 수 있다는 사실을 깨달았을 때, 러닝의 의미는 더욱 깊어졌다. 처음부터 기부 러닝을 계획했던 것은 아니었다. 하지만 "내가 좋아하는 일을 하면서도 나눌 수 있다면 얼마나 좋을까?" 하는 작은 질문이 결국 '기부 러닝'이라는 형태로 자리 잡았다. 가장 큰 보람은 나눔의 기쁨을 함께 공유할 수 있었다는 것이다. 내가 혼자 한 기부가 아니라 러너들이 함께 땀 흘리며 만들어낸 기부였다. 이 과정에서 많은 사람이 "나도 기부할 수 있다", "나도 누군가를 도울 수 있다"는 것을 깨닫게 되었다.

나눔은 결코 거창해야 하는 것이 아니다. 달리는 것처럼 한 걸음씩 내딛는 작은 나눔도 충분히 의미가 있다. 나눔이란 결국 한 걸음 더 내딛는 것, 함께 나아가는 것이 아닐까.

나눔을 통해 성장하다

처음에는 '내 발걸음이 정말 도움 될까?'라는 의문이 들었다. 하지만 기부 러닝을 지속하면서 나 스스로도 많은 변화를 경험했다. 삶의 가치가 달라졌다. '운동하는 이유'가 달라졌다. 단순히 기록을 단축하는 것이 목표가 아니라 내 한 걸음 한 걸음이 누군가에게 도움이 될 수 있다는 사실을 깨닫게 되었다. 이 과정은 나에게 더 큰 동기부여가 되었다. 나눔은 감사하는 마음을 키우기도 한다. 함께 달릴 수 있다는 것 자체가 감사한 일이었고, 내가 누군가에게 작은 힘이라도 보탤 수 있다는 사실은 더 깊은 감사함을 느끼게 해주었다. 나눔은 결국 사람과 사람을 연결하는 힘이 있다. 혼자 할 수 있는 일은 한정적이지만 함께하면 훨씬 더 큰 변화를 만들 수 있다.

많은 사람이 기부를 부담스럽게 생각하지만, 사실 나눔은 개인에게 가장 큰 선물이 된다. 나눔은 행복을 준다. 미국 오리건대의 연구에 따르면, 자신을 위해 돈을 쓸 때보다 다른 사람을 위해 사용할 때 더 큰 행복을 느낀다고 한다. 작은 나눔도 결국 나 자신을 위한 일이 될 수 있다. 나눔은 마음을 건강하게 만든다. 단순히 남을 돕는 것이 아니라 스스로의 정신적 건강을 돌보는 일이기도 하다. 나눔은 결국 다시 나에게 돌아오기도 한다. 세상에 혼자 살아가는 사람은 없다. 언젠가 내가 힘든 시기를 겪을 때, 내가 베풀었던 나눔이 예상치 못한 순간에 돌아올 수도 있다. 나눔은 결국 선순환을 만든다.

많은 사람이 기부는 '누군가를 돕는 것'이라고 생각하지만, 사실 기부는 '스스로를 위한 것'이기도 하다. 나눔을 통해 우리는 더 건강한 삶을 살 수 있고, 더 감사한 삶을 살아갈 수 있으며, 더 큰 동기부여를 얻을 수 있다. 사막마라톤 크라우드 펀딩을 시작으로 기부 러닝을 이어가기로 했다. 사실 나를 위한 일이기도 하다. 더 멀리 더 오래 달릴 수 있는 원동력이었다. 그리고 더 많은 사람이 나눔을 실천하는 기쁨을 경험할 수 있도록 할 것이다.

기부는 단순한 '베풂'이 아니다. 스스로를 성장시키고, 더 나은 세상을 만드는 작은 움직임이다. 이러한 경험은 자존감을 높이고, 삶의 목적을 더욱 분명하게 만들어준다. 당신도 한 걸음 내디뎌보지 않겠는가? 나눔은 결국, 자신을 위한 가장 따뜻한 선물이 될 것이다.

불가능을
가능으로 바꾸다

4년간 6대 마라톤을 완주한 후 간절히 기다리던 새 생명의 소식을 맞이했다. 그리고 임신을 알게 된 순간 기쁨과 설렘 속에서 한 가지 고민이 생겼다.

'이제 달리기를 포기해야 하는 걸까?'

주변에서는 몸을 조심해야 한다며 운동을 줄이라는 조언이 쏟아졌다. 하지만 러닝은 내 삶의 일부였고, 단순한 취미가 아니라 나를 지탱하는 힘이었다. 러닝을 통해 얻은 긍정적인 에너지를 아이에게도 전해주고 싶었다.

한국에서는 '임산부 러너'라는 개념이 생소하다. 인터넷을 뒤져봐도 찾을 수 있는 정보가 거의 없었다. 결국 영어로 'Pregnant

Runner'를 검색했고, 다양한 논문을 읽으며 정보를 찾기 시작했다. 다행히도 내가 듣고 싶었던 이야기들이 있었다. 미국에서는 임산부에게 운동, 특히 러닝을 권장하고 있었다. 그제서야 확신이 생겼다. 내 몸을 존중하며 안전한 범위 내에서 달리기를 지속해보기로.

임신은 인생에서 가장 큰 변화 중 하나다. 생명이 자라나는 신비로운 과정만을 기대했지만, 실제로는 예상치 못한 신체적 변화들이 많았다. 체중이 증가하고 균형 감각이 달라졌으며, 얼굴과 신체 골격도 변했다. 감정 기복이 심해지고, 평소 거뜬히 뛰던 거리도 버겁게 느껴졌다. 숨이 차고 피로감이 빨리 몰려왔다. 하지만 몸이 보내는 신호에 귀를 기울이며, 러닝 방식을 조금씩 조정해 나갔다. 속도를 30% 이상 줄이고, 거리를 단축했으며, 필요할 때는 걷기를 병행했다. 중요한 것은 내 몸이 편안하게 받아들이는 러닝을 지속하는 것이었다. 무기력하게 누워 있는 것이 아니라 '오늘 내가 할 수 있는 최선'을 다하는 것. 그것이 임신 중 러닝의 핵심이었다.

한국 사회에서 저출산 문제는 심각한 이슈다. 일론 머스크는 "현재 출산율이 유지된다면 한국은 결국 사라질 것"이라고 말했다. 오늘날 젊은 세대에게 중요한 것은 '나 자신'이다. 많은 이들이 아이를 키우면 삶을 포기해야 한다는 두려움으로 출산을 망설인다. 많은 이들에게 보여주고 싶었다. 임신과 육아가 일과 취미를 포기해야 하는 이유가 되지 않는다는 것. 오히려 내가 무언가를 사랑하는 모습은 아이에게도 긍정적인 영향을 미칠 것이라는 사실을.

속도와 거리는 줄었지만, 임신 중에도 달릴 수 있다는 사실은 내게 큰 용기와 자신감을 주었다. 러닝을 하는 순간만큼은 출산과 육아에 대한 두려움이 사라졌다. 오히려 내 몸과 더욱 친밀해지는 느낌이었다. 내 몸의 소리를 듣고 호흡을 가다듬으며 한 걸음 한 걸음 내디딜 때마다 아이와 교감하고 있다는 생각이 들었다. 마치 나의 움직임이 아이에게도 긍정적인 에너지를 전달하는 듯했다. '엄마가 이렇게 강하단다, 그러니 아가도 건강하게 자라야 해.' 그렇게 뱃속의 아이와 함께 뛰었다.

개인적인 러닝을 지속하는 것뿐만 아니라 임신 중에도 러닝 행사와 러닝 코칭을 멈추지 않았다. 이 세상에는 달리기를 멈추게 할 이유가 없다는 것을 보여주고 싶었다. 임신 자체가 나를 멈추게 할 이유가 되지 않는다는 것을 증명하고 싶었다. 러닝 크루와 함께 뛰고, 초보 러너들에게 동기부여를 하면서, 나 역시 큰 힘을 얻었다. 많은 이들이 내 모습을 보고 말했다. "임신 중에도 이렇게 활기차게 달릴 수 있다니, 정말 큰 용기와 영감을 얻었어요." 오히려 나의 도전이 그들의 발걸음을 멈추지 않게 도왔다. 내 경험이 누군가에게 긍정적인 영향을 미칠 수 있다는 사실은 나를 더욱 강하게 만들었다.

아이와 함께 달리며 얻은 자신감은 출산까지 이어졌다. 출산 과정에서도 '나는 해낼 수 있다'는 믿음이 있었다. 결국 자연분만으로 건강하게 아이를 출산할 수 있었고, 운동을 꾸준히 해왔기에 회복도 빨랐다. 의사와 간호사들도 내 회복 속도에 놀랄 정도였다. 만약 내게 또 한 번의 기회가 주어진다면? 나는 다시 한 번 내 몸을 살피며 꾸준히 달려나갈 것이다. 물론, 러닝을 하지 않던 사람이 임신 후 갑자기 시작하는 것은 위험하다. 그래서 나는 새로운 가족을 기다리는 분들에게 이렇게 말한다. "다양한 운동을 경험해 보세요. 지금 할 수 있는 운동이 많아질수록, 임신 기간을 더 행복하게 보낼 수 있는 방법도 많아집니다."

마이클 조던은 말한다. "한계를 만드는 것은 언제나 나 자신이다. 그것을 넘어설 때 우리는 더 강해진다." 그리고 이렇게도 말했다. "할 수 없다고 생각하는 순간, 게임은 끝난다." 모든 변화는 생각의 변화에서 시작된다. 러닝을 하며 아이와 함께 성장한다는 것은 상상 그 이상으로 감동적인 경험이었다. 내 안에서 새로운 생명이 자라고 있다는 사실이, 나를 더욱 단단하게 만들었다. 그리고 실제로 나는 조금 더 성장한 엄마가 되었다. 러닝을 통해 얻은 건강과 활력, 그리고 포기하지 않는 마음가짐은 곧 아이에게도 전해질 것이었다. 나는 믿는다. '달리는 엄마'로서 세상을 살아가는 힘을 아이에게도 가르쳐 줄 수 있을 것이라고.

혹시 당신도 '지금은 내 상황이 안 되니까'라는 이유로 무언가를 포기하고 있지는 않은가? 우리 삶에는 다양한 제한이 존재한다. 하지만 그 안에서 자신만의 방법을 찾는다면 불가능해 보이던 일도 가능해질 수 있다. 불가능은 단순히 우리가 아직 시도하지 않은 것일 뿐이다. 지금까지 불가능하다고 생각했던 것이 한 걸음 내디딜 용기만 있다면 가능해질 수도 있다. 사실 지금 내 뱃속에는 또 다른 생명이 자라고 있다. 둘째 아이. 그리고 오늘, 나는 특별한 하루를 보냈다. 첫째는 유아차에 태우고, 둘째는 뱃속에 품은 채 세 명이 함께 첫 5K를 완주했다. 달리면서 문득 이런 생각이 들었다. "나는 매년 더 강해지고 있구나!" 혼자 달릴 때보다 아이와 함께 달릴 때 더 강해졌고, 유아차를 밀며 달릴 때는 더 강해졌고, 임신한 채 유아차를 밀며 달리는 지금, 나는 그 어느 때보다도 강해졌다. 중요한 것은 '완벽한 조건'이 아니라 '할 수 있는 만큼 최선을 다하는 것'이다.

엄마 러너로
더 강력해지다

아이가 태어난 순간 내 삶에 새로운 정체성이 더해졌다. 러너로서 수많은 마라톤을 완주하며 쌓아온 나의 모습과 이제는 엄마로서의 새로운 삶을 준비해야 하는 나. 이 두 가지 정체성을 어떻게 조화롭게 유지할 수 있을까? "계속 '러너'가 될 수 있을까?" 아이를 품으며 동시에 나 자신을 지키는 법을 고민하게 되었다. 주변에서는 러닝을 잠시 멈추라는 조언이 많았다. 그러나 나는 러닝이 내 삶의 중요한 일부였고, 나 자신을 잃지 않으면서도 엄마가 될 수 있다는 것을 보여주고 싶었다. 중요한 것은 균형을 유지하는 법을 찾는 것이었다.

자기 수용: 변화 속에서 나를 받아들이기

임신과 출산은 여성의 몸과 마음에 큰 변화를 가져온다. 이 과정에서 가장 중요한 것은 자기 수용이다. 과거의 나와 비교하며 좌절하는 것이 아니라 변화된 나를 받아들이고 새로운 목표를 재설정하는 것. 이것이 엄마로서, 그리고 러너로서 성장하는 첫걸음이다. 완벽하지 않아도 괜찮다. 출산 후 몸이 예전처럼 움직이지 않는 것은 당연한 일이다. 하루하루 조금씩 회복해 나가면 된다. 내 몸이 보내는 신호를 존중하고, 가능한 범위 내에서 운동을 지속하는 것이 중요하다.

그리고 새로운 리듬을 찾자. 나의 개인 시간과 육아 시간을 조화롭게 배치해보자. 아침 일찍 혹은 아이가 잠드는 저녁 시간을 활용할 수 있다. 짧은 거리라도 꾸준히 달리는 것이 중요하다. 심리학자 칼 로저스는 말한다. "자신을 있는 그대로 받아들이지 않는 한 어떤 것도 변화할 수 없다." 자신에게 너그러워지자. 예전처럼 빠르게 달리지 못해도 괜찮다. 중요한 것은 꾸준히 움직이며 나 자신을 챙기는 것이다. '나만의 페이스'를 유지하는 것이 핵심이다.

새로운 목표 설정: 현실적인 도전과 성장

출산 후 더 이상 과거의 나처럼 달릴 수 없었다. 근육은 온데간데없이 사라지고 회복은 더뎠다. 그렇다고 해서 러너로서의 목표를 포기할 필요는 없다. 새로운 상황에 맞는 목표를 설정하는 것이 중요했다. 기존 목표를 수정하자. 그 전의 목표가 풀코스를 3시간 30분 이내로 빠르게 완주하는 거라면 '다시 달릴 수 있는 건강한 몸을 만드는 것'으로 목표를 수정했다. 출산 후 곧바로 풀코스를 뛰겠다는 생각보다 처음 달리기를 시작했던 것처럼 5분부터 다시 시작하자. 기초공사부터 천천히 재정비를 하는 것이다.

최소한 1년은 몸에게 회복할 시간을 주자. 잠깐 달리고 말 것이 아니라 오래 달려야 하지 않겠는가? 속도를 줄이고, 완주하는 것 자체를 목표로 삼자. 같은 고민을 가진 여성들과 소통하며 동기부여를 얻는 것도 방법이다. 육아와 러닝을 병행하는 경험을 공유하고 서로를 응원하자.

우리 삶은 가정과 일, 건강과 여가, 안정과 도전 등 다양한 요소들 사이에서 균형을 맞추는 과정이다. 하지만 종종 한쪽에 치우쳐 번아웃을 겪거나 정작 중요한 것들을 놓치고 후회하기도 한다. 그렇다면 어떻게 삶의 균형을 맞춰나갈 수 있을까?

'피라미드 법칙'을 활용해 우선순위를 정하자

모든 것을 다 잘할 필요는 없다. 하지만 중요한 것을 놓쳐선 안 된다. 사람들은 종종 '모든 것을 완벽하게 해내야 한다'는 압박감에 시달린다. 하지만 우리가 신경 써야 할 일들은 중요도에 따라 다르다. '피라미드 법칙'을 활용하면 균형을 더 쉽게 맞출 수 있습니다. 피라미드 맨 아래에는 건강, 가족, 재정 안정처럼 절대 놓쳐선

안 되는 요소를 배치하고, 중간층에는 직장 성과, 사회적 관계 같은 일정 부분 타협할 수 있는 요소를 둔다. 맨 위에는 SNS 관리, 취미의 다양성처럼 하면 좋지만, 필수는 아닌 요소를 놓는다. 이렇게 하면 가장 중요한 것들을 놓치지 않으면서도 부담을 덜 수 있다. 물론 개인의 상황과 여건에 따라 중요도는 달라질 수 있다. 오늘 해야 할 일을 적을 때 피라미드 3단계로 분류하는 것이다. 맨 아래 단계부터 차례로 해결하고, 맨 위의 일들은 '시간이 나면 하는 것'으로 여긴다. 이렇게 하면 가장 중요한 것들은 절대 놓치지 않으면서도 부담을 덜 수 있다.

'디지털 디톡스'를 의식적으로 활용하라

우리는 더 많은 정보를 얻으려다 진짜 중요한 정보를 놓치고 있다. 현대인의 균형을 가장 해치는 요소 중 하나가 스마트폰과 SNS이다. 항상 '연결되어 있어야 한다'는 압박을 받지만, 이는 정신적 피로와 스트레스를 증가시킬 뿐이다. 디지털 디톡스를 하되 재미있는 방식으로 적용하면 삶의 균형을 맞출 수 있다. 예를 들어 매주 수요일은 SNS 금지와 같은 '디지털 금식의 날'을 정해보자. 폰을 '흑백 모드'로 설정하는 것도 방법이다. 컬러가 줄어들면 흥미가 떨어져 SNS 사용량도 자연스럽게 줄어든다. SNS 스크롤을 멈추는 대신 아날로그 다이어리에 '오늘 가장 기억하고 싶은 것'을 손으로 적어보자. 이 방법을 활용하면 디지털 피로를 줄이면서도 실제 삶에서 더 많은 균형을 찾을 수 있다.

비움과 채움의 법칙을 활용하라

　균형을 맞추려면 먼저 불필요한 것들을 비워야 한다. 많은 사람은 더 많은 것을 채우려 하지만, 진정한 균형은 '비움'에서 시작된다. 우리 삶에서 불필요한 것들을 덜어내면, 정말 중요한 것들이 자리할 수 있다. 불필요한 인간관계를 정리하자. 소모적인 관계를 유지하는 대신, 나에게 힘을 주는 사람들과 연결하는 것이다. 물건을 줄이는 것도 삶의 균형을 맞출 수 있도록 돕는다. 옷장을 정리하면, 더 효율적인 아침을 맞이할 수 있다. To-do 리스트에는 빼곡하게 해야 할 일들을 적는 것보다 불필요한 것은 삭제하고, 정말 중요한 3가지만 남기자. '비운 만큼만 채운다'는 원칙을 지키자. 일정과 약속도 무조건 많이 잡지 말고, 여유 시간을 일부러 남겨둔다. 이 방법을 따르면 시간과 에너지를 낭비하지 않고, 삶의 균형을 맞출 수 있다.

너무 큰 죄책감을 갖지 말자

　《마음가면》의 저자 브레네 브라운은 말한다. "완벽한 균형이란 존재하지 않는다. 중요한 것은 조화롭게 살아가는 것이다." 엄마이자 러너로서, 혹은 일과 가족 사이에서 균형을 맞추려 할 때 종종 죄책감을 느낀다. '더 많은 시간을 가족과 보내야 했나?', '운동 대신 아이를 돌봐야 했나?' 울고 있는 아이를 떼어 놓고 나의 시간을 위해 나가는 걸음은 결코 가볍지만 않다. 하지만 중요한 것은 완벽한 균형을 맞추려고 하는 것이 아니라 그 안에서 최선을 다하는 것이다. 죄책감을 줄이는 방법이 있다. 자신에게 더 너그러워지자. 완벽한 엄마도 완벽한 러너도 존재하지 않는다. 잘하려고 노력하는 사람만 존재할 뿐이다. 우리는 그저 우리만의 속도로 살아가는 것이다. 죄책감을 갖지 않으려면 '해야 한다'에서 '할 수 있다'로 사고를 전환해보자. '나는 매일 10km를 뛰어야 한다'가 아니라, '오늘 20분만 달려도 좋다'는 식으로 목표를 유연하게 바꾸자. 무언가를 한다는 것이 중요하다.

엄마가 강하면, 아이도 강하다

과거에도, 현재도, 미래에도 아이에게 긍정적인 본보기가 되고 싶다는 본질은 다르지 않다. 내가 꾸준히 운동하는 모습을 보면, 아이 역시 건강한 습관을 배울 것이다. 그리고 육아와 러닝을 병행하면서 '나는 해낼 수 있다'는 믿음이 더욱 커졌다. 30분 달리기는 3시간 육아의 질을 바꿔 놓았고, 오전 1시간의 10km 마라톤 대회 참석은 그날 하루의 집안 분위기를 바꾸어 놓기도 했다. 균형은 맞추는 것이 아니라 지속적으로 조정하는 것이다. 균형 잡힌 삶이란 완벽하게 모든 걸 해내는 것이 아니다. 그보다는 지속적으로 삶을 조정하면서 나에게 맞는 균형점을 찾아가는 과정이다. 당신은 그리고 우리는 충분히 잘 할 수 있다. 부모니까.

엄마가 된 후 나 자신을 위한 시간을 갖는 것이 이기적인 것이 아닐까 고민한 적이 있다. 하지만 내가 건강하고 행복해야 아이도 건강하고 행복할 수 있다는 것을 깨달았다. 아이는 부모의 표정을 닮는다고 하지 않던가. 러너로서의 나와 엄마로서의 나를 조화롭게 유지하는 것은 불가능한 일이 아니다. 중요한 것은 내 몸과 마음을 존중하고, 현실적인 목표를 설정하며, 꾸준히 나아가는 것이다. 당신의 취미가 달리기든, 독서든, 수영이든, 자기계발이든 그 해답은 같다.

혹시 당신도 '이제 내 삶은 내 것이 아닐 거야'라는 불안한 생각에 빠져 있지는 않은가? 육아와 나 자신을 위한 삶은 공존할 수 있다. 당신도 당신만의 속도로 당신만의 길을 달려가기를 간절히 바란다.

3장 나를 사랑하는 법을 배우다

"물고기는 헤엄치고 새는 날고
사람은 달린다."

_에밀 자토펙

탑걸즈 크루,
세상의 시선을 뛰어넘다

코로나19가 전 세계를 덮고 마스크가 얼굴을 가리던 시절. 모두가 비슷했겠지만 그때의 나는 유독 무기력했다. 운동에 대한 의욕도 사라졌고, 집 안에서 점점 늘어나는 체중을 바라보며 한숨만 쉬었다. 그러다 문득 이런 생각이 들었다. "해외에서는 다른 사람의 시선을 신경 쓰지 않고 예쁜 원피스도 비키니도 입는데, 정작 우리나라에서는 입고 싶은 옷조차 맘대로 입지 못할까?", "외국의 여성들처럼 아무리 뱃살이 있든 없든 당당하게 입을 수는 없을까?" 레깅스도 처음에는 손가락질 받았지만, 지금은 당연한 운동복이 된 것처럼 스포츠 브라탑을 입고 달리는 것도 익숙해지면 자연스러운 패션이 되지 않을까? 그렇다면 누군가 먼저 나서야 하지 않을까? 그래, 내가 한번 해보자! 하지만 혼자서는 불가능할 것 같았다. 함께 한다면 가능할 것 같았다. 그래서 SNS에 글을 올렸다.

"혹시 저와 브라탑 러닝을 하실 여성분들 계실까요? 함께 운동의 동기부여를 만들어봐요!"

반응은 예상보다 훨씬 뜨거웠다. 잠들어 있던 내 SNS 계정이 다시 깨어나듯, 함께하고 싶다는 댓글이 줄줄이 달렸다. 그렇게 탑걸즈 크루(Top Girls Crew)가 탄생했다.

탑걸즈 선언문: 나 자신과의 약속

탑걸즈 크루는 단순한 러닝 크루가 아니다. 내 몸을 바르게 알고, 내 몸을 사랑하는 방법을 배우며, 나다운 나, 자신 있는 '나'로 성장하는 여성들의 자유를 위한 공간이다. 현재까지 탄생한 탑걸즈 크루는 260여 명. 서울뿐 아니라 수원, 부산까지 탑걸즈는 전국 곳곳에 있다. 기수제로 운영되며, 5주 동안 진행되는 프로그램 속에서 참가자들은 자신을 새롭게 마주하고 성장하는 경험을 한다. 특히 1주차에는 반드시 거쳐야 할 중요한 관문이 있다. 바로 '탑걸즈 선언문' 낭독이다.

누군가 나 대신 읽어주는 목표와 내가 직접 내 입으로 내뱉는 목표의 무게는 다르다. 선언문을 읽는 순간 참가자들은 단순한 '운동'이 아닌, 나 자신과의 진짜 출발선에 서게 된다. 이 선언을 통해 우리의 몸을 있는 그대로 받아들이고, 세상의 시선이 아닌 나 자신을 위한 삶을 선택하는 첫걸음을 내딛는다. 이곳에서 나를 사랑하는 법을 배운다.

> 탑걸즈 크루 발대 선언식을 통해 한 명의 여성으로서
> 눈치 보지 않고 있는 그대로의 내 몸을 사랑하며 당당한 여성임을 선언합니다.
>
> 하나. 탑걸즈 크루는 타인과 비교하지 않고, 어제의 나와 비교하며 나 자신의 성장만을 위해 경쟁합니다.
> 하나. 아무리 뱃살이 나와도 내 뱃살이 가장 예쁘다는 마음으로 내 몸을 사랑하고 아껴줍니다.
> 하나. 혼자라면 불가능하지만, 함께하면 가능하다는 믿음으로 서로를 응원하고 배려합니다.
> 하나. 한 마음으로 함께 달릴 그 날을 위해 4번의 그룹 러닝에 불참하지 않으며, 각종 미션과 숙제의 의무를 다하겠습니다.
>
> 여성 대표 33인은 새로운 러닝 문화를 위해 힘찬 발걸음을 내딛을 것을 선언합니다.

탑걸즈 크루의 모집 인원은 33명. 이 숫자는 단순한 우연이 아니다. 대한독립운동가 33인의 정신을 담아 대한민국을 대표하는 여성 러너로서 여성들에게 새로운 길을 열어주자는 의미가 있다. 여

성이 앞장서야 더 많은 여성이 자신의 한계를 넘을 수 있다. 러닝을 통해 건강과 자존감을 회복하고, 더 나아가 스스로를 사랑하는 법을 배우는 것. 이것이 우리가 탑걸즈 크루를 통해 이루고자 하는 목표다. 하지만 과연 브라탑을 입고 달리는 것만으로 자존감을 회복하고 나 자신을 더 사랑할 수 있을까?

1기, 걱정과 두려움 속에서 시작된 도전

솔직히 말하면, 1기를 시작할 때는 확신이 없었다. 수많은 러닝 행사를 기획하고 리딩해왔지만, 브라탑 러닝은 나조차도 처음이었다. 게다가 스텝 포함 37명의 여성 러너가 함께 브라탑만 입고 달리는 것은 전 세계적으로도 유례가 없었다. 불안과 걱정이 앞섰다.

"사람들이 손가락질하면 어쩌지?"

"욕하는 사람들 때문에 여성 러너들이 되레 상처받으면 어떡하지?"

전날은 긴장과 고민 속에서 밤잠을 설쳤다. 그런데 예상과는 전혀 다른 일이 벌어졌다. 한강을 달리는데, 산책을 나온 어머님들과 할머님들이 우리에게 박수를 보내주셨다. 심지어 쌍따봉까지 받았다. 우리가 지나온 길은 마치 빛이 나는 듯했고, 햇살은 마치 핀 조명처럼 우리를 비춰주었다. 여성 러너들의 얼굴에는 함박웃음이 피어났고, 긍정 에너지가 한강을 걷는 다른 사람들에게까지 전해지는 것이 느껴졌다. 러닝을 마쳤는데도 심장은 여전히 두근거렸다. 이

것은 단순한 러닝이 아니었다. 여성들이 자신을 있는 그대로 받아들이고, 세상의 시선에서 벗어나 자유를 만끽하는 순간이었다. 대성공이었다.

1기 모집은 32초 만에 33명이 마감될 정도로 폭발적인 반응을 얻었다. 하지만 더 많은 여성에게 기회를 주기 위해 2기부터는 선착순이 아닌 선발제로 변경했다. 20대 11명, 30대 11명, 40대 이상 11명. 연령대를 균등하게 나누어 모집하니 더욱 다양한 스토리들이 모이기 시작했다. 평균 경쟁률은 5:1. 이제는 탑걸즈 크루에 참가하는 것 자체가 목표인 여성 러너들도 생겨나고 있다. 그만큼 여성들이 스스로 한계를 넘어설 용기를 얻고자 하는 열망이 커지고 있다는 증거다.

완벽한 몸이 아니라, 건강한 몸이면 충분하다

브라탑 러닝은 여성들이 '몸매'에 대한 강박에서 벗어나 '내 몸을 사랑하는 법'을 배우는 과정이다. 처음에는 용기가 필요할 수도 있다. 하지만 한 번 해보면 안다. 이건 몸매를 과시하는 게 아니라 내 몸을 긍정하고 나를 위해 러닝하는 과정이라는 걸. "운동하는 여성의 몸은 그 자체로 아름답다." 브라탑 러닝을 통해 많은 여성이 '완벽한 몸'이 아니라 운동하는 몸 자체가 아름답다는 사실을 깨닫는다. 우리가 중요하게 여겨야 할 것은 군살이 아니라 한 걸음 더 달릴 수 있는 힘, 어제보다 더 강해진 체력, 그 과정에서 쌓이는 자존감이다. "나를 신경 쓰는 순간, 남의 시선은 사라진다." 처음 브라탑 러닝을 시작할 때 가장 많이 듣는 말이 있다. "사람들이 나를 이상하게 보지 않을까?" 하지만 막상 뛰어보면 깨닫는다. 남들은 내 몸에 관심이 없다. 오히려 나 스스로가 가장 큰 장벽이었다는 것을 알게 된다. 브라탑 러닝을 통해 여성들은 남의 시선이 아니라 자신에게 집중하는 법을 배운다.

굴레를 벗은 자만이 진정한 자유를 얻을 수 있다. 티셔츠를 벗어 던질 용기는 세상의 편견과 시선에서 벗어날 용기와 같다. 러닝은 단순한 운동이 아니다. 우리는 러닝을 통해 자신을 마주하고, 한계를 극복하며, 더 강한 나를 만들어간다. 하지만 여전히 많은 여성이 러닝을 시작하는 것조차 망설인다. "운동을 해본 적이 없어요", "사람들의 시선이 신경 쓰여요", "내 몸이 자신 없어요" 그래서 탄생한 것이 탑걸즈 크루다.

탑걸즈 크루는 여성들이 몸을 긍정적으로 받아들이고, 더 당당하고 자신감 넘치는 모습으로 변화할 수 있도록 돕는다. 33명의 여성들이 함께 모여 자신을 사랑하는 법을 배우고, 서로를 응원하며, 세상의 시선이 아닌 나만의 길을 달려간다. 그 변화는 한강을 넘고 대한민국을 넘어 전 세계로 퍼져 나가고 있다.

나를 사랑하는 법을
배우다

"매일 불러오는 배를 드러내고 달릴 수 있을까?"
"뼈가 벌어지고 몸이 점점 커지는데 그래도 괜찮을까?"

그동안 탑걸즈 크루와 함께하며 자존감 넘치는 나를 만들어왔지만, 이번만큼은 또 다른 도전이었다. 임신. 피부는 푸석해지고, 머리카락 윤기는 사라지고, 몸은 매일 달라졌다. 거울 앞에 서면 낯선 몸이 비쳤다. 한동안은 거울을 마주하는 것조차 두려웠다. 그렇게 반은 두려움, 반은 설렘 아닌 걱정 속에서 탑걸즈 크루 7기가 시작됐다. 명상 시간이 되자 여기저기서 훌쩍이는 소리가 들리더니 이내 눈물을 훔치는 소리가 곳곳에서 번졌다. 누구도 이유를 묻지 않았다. 그저 따뜻한 품으로 서로를 안아주고, 달리면서 "파이팅!"을 건넸다. 그리고 마주 웃으며 하이파이브를 했을 뿐이다. 그런데 신기했다. 가슴이 뜨거워지고 눈물이 흐르더니 움츠렸던 나의 어깨도 저절로 펴졌다. 달리기는 정말 치유가 맞았다.

탑걸즈의 효과를 누구보다 잘 알고 있었지만, 왜 단 5주 만에 여성들이 이렇게 달라지는 걸까? 사실 명확한 답을 찾지 못하고 있었다. 그런데 한 번도 경험해보지 못한 임신이라는 신체적 변화와 감정의 기복을 겪으면서 나 스스로도 탑걸즈로 위로를 받았다. 탑걸즈 크루를 찾는 많은 여성은 심적으로 힘든 시기를 지나고 있다. 큰 수술을 앞두고 자신감을 얻고 싶은 사람, 하나뿐인 아들을 군대에 보내고 우울감에 빠진 사람, 권고사직을 받고 자존감이 바닥을 친 사람. 그들은 함께 울고, 웃고, 응원하고 다시 출발선에 선다. 그리고 마침내 당당한 자신을 만나게 된다. 탑걸즈는 이유를 묻지 않는다. 우리는 상대방의 사연을 캐묻지 않는다. 다만 내가 나에게 위로할 수 있도록 돕는다.

위로는 주변 사람들이 해주는 것이 아니다. 진짜 위로는 내가 나에게 건네는 것이다. "잘하고 있어", "괜찮아, 다시 시작하면 돼", "고생했어. 완주한 나에게 박수를 보내." 이렇게 스스로에게 위로를 건넬 용기가 생길 때, 우리는 비로소 성장한다. 그리고 그 과정에서 신체적, 심리적으로 단단해진다.

우리는 늘 '자존감이 중요하다'는 말을 듣는다. 하지만 '어떻게 자존감을 높일 수 있을까?'에 대한 명확한 답을 찾기란 쉽지 않다. 누군가는 성공적인 커리어에서, 누군가는 사랑받는 관계에서 자존감을 얻는다. 하지만 진정한 자존감은 외부의 평가가 아니라, 스스로를 긍정적으로 받아들이는 데서 시작된다. 그리고 이 여정에서 탑걸즈 크루는 여성들에게 '러닝'을 통해 나를 사랑하는 방법을 배우도록 돕는다. 나의 몸을 숨기지 않고 그대로 받아들이는 용기, 스스로에게 던지는 따뜻한 응원의 말, 함께 달리며 쌓아가는 자신감. 이 모든 과정이 모여 우리를 더 나은 나로 나아간다. 그리고 결국 나 자신을 사랑하는 법을 배운다.

러닝을 통해 내 몸을 긍정하는 법을 배우다

많은 여성이 자신의 몸에 대한 불안과 불만을 가지고 있다. "살이 쪘어", "다리가 두꺼워", "나에게는 브라탑이 어울리지 않을 것 같아" 이런 생각들이 몸을 가리고, 움직이는 것을 주저하게 만든다. 하지만 러닝을 시작하면, 우리가 신경 써야 할 것은 몸매가 아니라, 한 발 한 발 앞으로 나아가는 것이라는 걸 깨닫게 된다. 몸은 외적인 기준이 아니라, '내가 할 수 있는 것'으로 정의된다. 처음에는 "이거 내가 할 수 있을까?"라는 걱정이 앞선다. 하지만 달리기를 하며 숨이 차오르고, 땀이 흐르고, 점점 더 멀리 뛸 수 있게 되면서 깨닫는다. "내 몸은 생각보다 강하다!"

탑걸즈 크루는 '몸을 바꾸기 위한' 크루가 아니다. 우리는 있는 그대로의 내 몸을 인정하는 과정을 중요하게 생각한다. 브라탑 러닝을 통해 완벽한 몸매가 아니라, '운동하는 몸' 그 자체가 아름답다는 것을 경험하게 된다.

근육이 붙고, 숨이 덜 차오르고, 한 걸음 더 나아가는 힘이 생길수록 '내 몸이 이렇게까지 해낼 수 있구나'라는 자신감이 생긴다. 그 순간, 우리는 더이상 거울 속의 '외형'만 보지 않는다. 이 몸이 나를 얼마나 멀리까지 데려갈 수 있는지에 집중하게 된다.

몸을 가리는 것이 아니라, 몸을 긍정하는 방법

탑걸즈 크루의 가장 상징적인 활동 중 하나가 바로 브라탑 러닝이다. 하지만 처음 브라탑 러닝을 도전하는 것은 쉽지 않은게 사실이다. 대부분은 남들의 시선을 걱정한다. "사람들이 나를 어떻게 볼까?", "아는 사람을 만나면 어쩌지?", "내 몸이 이 옷을 입을 정도로 예쁜가?", "살이 더 빠지면 그때 도전해야 하지 않을까?" 하지만, 막상 브라탑을 입고 달려보면 생각이 달라진다.

브라탑 러닝은 단순히 '노출이 많은 옷을 입는 것'이 아니다. 그동안 가려왔던 내 몸을 있는 그대로 받아들이는 과정이다. 처음에는 어색하지만, 뛰다 보면 점점 신경 쓰지 않게 된다. 그리고 깨닫게 된다. "사실 아무도 내 몸을 그렇게까지 신경 쓰지 않는다.", "나는 스스로를 너무 과하게 평가하고 있었구나.", "이렇게 달리는 내 모습이 너무 멋지다!" 한 번 이 경험을 하면, 단순한 '운동복'의 문제가 아니라 '내가 나를 어떻게 바라보느냐'의 문제였다는 걸 알게 된다. 그렇다면 단순히 달리기만 해도 이런 변화를 경험할 수 있지 않을까?

나 자신을 온전히 드러내는 경험. 사회적 지위, 명함, 외모에 대한 평가에서 벗어나 오롯이 '나'로 존재하는 순간. 우리는 몸을 가리는 것이 아니라 있는 그대로를 받아들이고, 스스로를 긍정하는 과정을 통해 진짜 자존감을 마주하게 된다. 그 순간 러닝은 더 이상 단순한 운동이 아니라 자유를 향한 선언이 된다.

사람들은 내 몸을 신경 쓰지 않는다. 아니, 애초에 신경 쓸 필요가 없다. 내가 내 몸을 긍정하고, 내 페이스로 달리는 순간 남들의 시선은 의미가 없어진다. 우리는 더 이상 거울 속의 모습으로 나를 판단하지 않는다. 내가 할 수 있는 것, 내가 가고 싶은 곳, 내 몸이 나를 얼마나 멀리까지 데려갈 수 있는지를 보게 된다.

탑걸즈 크루의 목표

여성들이 운동을 통해 더 건강하고, 더 당당하고, 더 자유로워질 수 있도록 돕고 있다.

1. 운동을 통해 자신의 몸을 긍정적으로 바라볼 수 있도록 한다.
2. 자존감을 회복하고, 더 강한 자신을 만들어갈 수 있도록 한다.
3. 사회적 시선에서 벗어나 스스로를 사랑하는 법을 배우도록 한다.

4. 더 많은 사람이 운동을 시작할 수 있도록 '함께 달리는' 문화를 만든다.
5. 서로를 지지하며 함께 성장할 수 있는 러닝 커뮤니티를 만들어간다.

어떤 사람들은 "나는 아직 준비가 안 됐어요"라고 말한다. 하지만 러닝을 시작하는 데 특별한 준비는 필요하지 않다. 이미 충분하다. 한 발을 내디딘 순간, 우리는 러너다. 탑걸즈 크루가 전하고 싶은 메시지는 단 하나다.
"당신은 지금도 충분히 강하다. 그러니 함께 달려보자."

이제는 나를
응원할 차례

러닝은 혼자 하는 운동이라고 생각하기 쉽다. 하지만 누군가와 함께 달릴 때, 우리는 혼자서는 느낄 수 없는 감동을 경험한다. 탑걸즈 크루에서 처음 만난 여성들이 함께 땀을 흘리며 같은 목표를 향해 나아가는 과정 속에는 단순한 운동을 넘어선 강한 유대감과 응원이 존재한다.

처음에는 어색한 인사를 나누던 멤버들도, 몇 주가 지나면 자연스럽게 서로의 이름을 부르며 언니, 동생이 된다. "오늘 컨디션 어때?", "너무 힘들면 내 페이스에 맞춰서 달려봐!" 같은 짧은 한마디가 서로에게 큰 힘이 된다. 누군가는 손을 꼭 붙잡고 달리고, 또 누군가는 앞에서 끌어주고 뒤에서 밀어주며 달린다. "내가 할 수 있을까?" 불안해하던 얼굴은 어느새 생기 넘치는 아이처럼 변한다. 포기하고 싶은 순간, 옆에서 건네는 "조금만 더, 우리 같이 가자!"라는 말 한마디가 다시 한 걸음을 내딛게 만든다.

마지막 5주차는 모두가 브라탑만 입고 달리는 날이다. 4주 동안 함께 땀 흘리고 서로를 응원하며 달려온 끝에, 출발선에 선다. 처음엔 긴장과 불안이 얼굴에 묻어난다. 거울 앞에서 옷 매무새를 고치고, 팔로 몸을 가리던 익숙한 습관들. 하지만 출발 신호가 울리면 걱정은 사라지고, 누군가의 "탑걸즈 화이팅!" 외침에 힘찬 목소리들이 퍼진다. "우리는 할 수 있어!", "서로를 믿어!" 보드라운 바람이 발걸음을 가볍게 하고, 땀에 젖은 몸이 더는 부끄럽지 않다. 우리는 오롯이 스스로에게 집중한다. 피니시 라인이 보일 때 눈물을 글썽이는 이도 있다. '내가 해냈구나'라는 벅참과 이 감동을 나눌 누군가가 곁에 있다는 사실이 더욱 진하게 다가온다.

혼자가 아니라, 함께라서 가능했다

혼자라면 엄두도 내지 못했을 도전. 하지만 누군가 나를 믿어주고, 나 또한 누군가를 믿으며 달려가는 과정 속에서 우리는 성장한다. 브라탑 러닝은 단순한 운동이 아니다. 이건, 나 자신을 긍정하고, 스스로를 응원하며, 더 나아가 '함께하는 힘'을 경험하는 과정이다. 우리는 서로를 응원하며 한 걸음씩 나아갔다. 그리고 마침내 깨달았다. 나 혼자만의 변화가 아니라, 함께라서 더 강해질 수 있었다는 것을. 그렇게 우리는 달리기를 넘어 삶의 새로운 목표를 찾는다. 어디서든 혼자 당당하게 브라탑 러닝을 즐기게 되었다는 이들도 생겼고, 탑걸즈 크루를 계기로 처음 러닝을 시작해 풀코스를 완주한 이들도 생겼다. 탑걸즈 크루는 새로운 도전을 꿈꾸는 모든 여성을 위한 공간이다. 달리면서, 우리는 함께 성장한다. 다음 목표를 향해 나아가고 싶은 사람이라면, 누구나 환영한다.

나 자신을 사랑하고 싶은 사람

"내 몸이 마음에 들지 않아 거울 보기가 싫어요."

"자신감이 떨어져 사진을 안 찍게 됐어요."

혹시 체형 콤플렉스나 외모 불만으로 스스로를 미워한 적이 있는가? 러닝은 단순한 체중 감량이 아니라 내 몸을 있는 그대로 받아들이고 기능적으로 강해지는 여정이다. "살을 빼야 해"→"내 몸이 얼마나 강한지 확인하고 싶어!"로의 인식 변화는 자존감을 키우는 출발점이다. 처음엔 주저했지만, 어느 순간 브라탑을 입고 달리는 자신을 보며 "나도 할 수 있구나!"라는 감정을 마주하게 된다.

세상의 시선이 아닌, 나만의 기준으로 살고 싶은 사람

"사람들의 시선이 신경 쓰여요."

"브리탑 러닝이 멋지지만, 나한텐 안 어울릴 것 같아요."

여성의 몸은 늘 타인의 평가 대상이 되어왔다. 하지만 탑걸즈 크루에선 오직 '나 자신'에게 집중하는 경험을 한다. 처음엔 부담스럽지만, 함께 달리다 보면 점점 자유로워지고 "이게 바로 나다!"라는 깨달음을 얻는다. 우리는 누군가의 딸, 엄마, 아내, 며느리이기 전에 '나'로서의 삶을 잊지 말아야 한다. 자신감 있는 나를 되찾고 싶다면, 탑걸즈 크루에 오라.

새로운 도전을 하고 싶은 사람
"나는 도전하는 삶을 살고 싶어요."
"한계를 넘고 싶지만, 어디서부터 시작해야 할지 모르겠어요."
도전은 용기를 필요로 하지만, 탑걸즈 크루에선 혼자가 아니다. 처음엔 믿기 어려워도 어느새 브라탑을 입고 한강을 달리는 자신을 마주한다. 러닝을 시작으로 하프, 마라톤, 철인3종 경기까지! 반복되는 도전 속에서 우리는 '도전하는 사람'이 된다.

여성들과 긍정적인 에너지를 나누고 싶은 사람
"서로를 응원해주는 사람들이 필요해요."
"여자들끼리 성장할 수 있는 공간이 있으면 좋겠어요."
탑걸즈 크루는 단순한 러닝 그룹이 아니라, 서로를 응원하고 지지하는 여성들의 커뮤니티다. 실력, 체형, 나이에 상관없이 있는 그대로의 나를 받아들이는 공간이며, 응원하는 만큼 나도 성장한다.

운명의 여신은 자신이 원하는 모습을 적극적으로 꿈꾸는 사람에게 더 많은 선택권을 선사한다. 혼자였다면 어려웠을 도전도, 함께라서 가능했다. 이 힘이 바로 탑걸즈 크루의 가장 큰 에너지다. 그리고 함께 달리는 힘은 탑걸즈 크루에서만 느낀 것이 아니다.

진정한 마라톤
유아차 달리기

늘 하고 싶은 일을 하며 자유롭게 살아왔던 나. 그런데 어느 순간 처음으로 눈치를 봐야 할 대상이 생겼다. 바로 '아기'다. 2시간마다 모유 수유를 해야 하고, 재워주고, 놀아주고, 트림을 시켜야 하는 하루. 모든 일정이 아이 중심으로 돌아갔다. 개운하게 샤워 한 번 하는 게 소원이 되었고, 한 번도 깨지 않고 아침까지 푹 자는 건 사치였다. 임신 중에도 나를 돌보는 게 쉽지 않았지만, 출산 후에는 더욱 어려웠다. 거울 속의 나는 바람 빠진 풍선처럼 푸석했고, 머리카락은 빠지며 듬성듬성 자랐다. 한 마리의 건조한 낙타가 된 기분이었다. 남편과 교대로 육아를 할 수 있다면 운동할 시간도 낼 수 있겠지만, 독박 육아를 하는 부모에게는 화장실 갈 시간조차 없다.

그래서 '유아차 러닝'이 필요하다.

 육아를 하다 보면 세상과 단절된 기분이 든다. 하루 종일 집 안에서 아이와 지내다 보면 감옥에 갇힌 죄수처럼 느껴지기도 한다. 하지만 단 30분이라도 아이와 함께 유아차 러닝을 하고 돌아오면 신기하게도 달라진다. 기분이 한결 가벼워지고, 아이에게 온전히 사랑을 주며 더 많이 웃을 수 있게 된다. 30분의 달리기가 3시간의 육아의 질을 바꾼다. 많은 부모가 출산 후 "운동할 시간이 없어요"라고 말한다. 하지만 아이를 키우면서도 운동할 수 있는 방법이 있다. 바로 '유아차 러닝(Baby Jogging)'이다. 해외에서는 이미 많은 부모가 유아차 러닝을 활용해 육아와 건강을 동시에 챙긴다. 공원에서 유아차를 밀며 조깅하는 부모를 흔히 만날 수 있다. "개인 시간이 어디 있어? 아이가 어릴 때는 육아에만 집중해야지"라는 말도 많다. 하지만 그 편견을 깨고 아이와 함께 건강한 시간을 보내는 것이야말로 '지속 가능한 육아'다.

부모에게 좋은 유아차 러닝의 장점

1. 운동할 시간을 따로 내지 않아도 된다

 바쁜 부모에게 가장 큰 고민은 "운동할 시간이 없다."는 것이다. 하지만 유아차 러닝을 하면, 운동과 육아를 동시에 할 수 있어 시간을 조율하거나 따로 시간을 낼 필요가 없다. 특히 출산 후에는 약해진 체력을 회복하고, 출산 전 몸 상태로 서서히 돌아가는 데 효과적이다. 또한 육아 스트레스를 해소하고 에너지를 재충전하는 데도 큰 역할을 한다.

> **TIP** 처음부터 달려야 한다는 생각은 버리자. 걷기부터 시작해 점진적으로 속도를 올리자. 기초공사를 한다는 생각으로 처음부터 차근차근 다시 시작하자. 무리하지 않는 것이 포인트다.

2. 부모의 정신 건강에도 긍정적인 영향을 준다

육아는 '잘 해내야 한다'는 강박으로 정신적 부담이 클 수 있다. 하지만 유아차 러닝을 통해 자연 속에서 아이와 함께 바람을 맞으며 달리는 것만으로도 부모의 정서적 안정이 크게 향상된다. 특히 산후우울증 예방에 효과적인데, 규칙적인 운동은 우울감을 줄이고 기분 전환에 좋다. 출산 후 변화된 몸을 보며 자신감을 잃기 쉬운 시기, 운동은 몸과 마음의 회복을 돕고 자존감 회복에도 긍정적이다. 또한 운동 시 분비되는 '행복 호르몬'(엔도르핀, 세로토닌)은 육아에 대한 긍정적인 태도와 에너지를 유지하게 해준다.

> **TIP** 러닝을 하면서 아이에게 "엄마(아빠)와 함께 뛰니까 너무 좋다! 함께 달려줘서 고마워." 같은 말을 건네며 서로에게 긍정적인 경험을 만들어주자.

3. 아이와 특별한 유대감을 형성할 수 있다

유아차 러닝은 단순히 운동하는 나만의 시간이 아니라, 아이와 함께 교감하는 시간이기도 하다. 부모가 신나게 달리며 즐거운 표정을 지으면, 아이도 자연스럽게 기분이 좋아진다. 눈을 맞추며 대화를 하거나, 달리면서 아이와 보이는 풍경에 대해 이야기를 나눠 보자. 아이의 정서적 안정감 또한 높아질 것이다. 또한, 함께하는 활동을 통해 추억을 만든 아이는 어릴 때부터 부모와 함께한 시간을 기억하며 애착을 형성한다. 마지막으로 부모의 건강한 라이프스타일을 자연스럽게 학습하게 된다. 부모가 운동하는 모습을 보며, 아이도 자연스럽게 건강한 습관을 배우게 된다.

TIP 러닝을 할 때 아이가 좋아하는 노래를 부르거나, "우리 어디까지 가 볼까?" 같은 놀이 요소를 더하면 더욱 즐거운 경험이 된다.

아이에게 좋은 유아차 러닝의 장점

1. 바깥 공기를 자주 접하면서 자연 친화적인 감각을 키운다

아이는 자연 속에서 자라야 한다. 하지만 실내에서만 시간을 보내는 경우가 많아 햇볕을 쬐며 바깥 공기를 접하는 시간이 부족하다. 자연에서의 활동은 감각을 발달시켜 준다. 바람, 햇볕, 새 소리 등 자연의 요소들이 아이의 감각 발달에 긍정적인 영향을 준다. 면역력 또한 강화되는데 실내보다 바깥에서 보내는 시간이 많을수록 면역력이 향상된다. 그리고 낮잠 패턴을 조절할 수 있다. 신선한 공기를 마시면 아이가 낮잠을 더 잘 자고, 수면 패턴도 안정된다.

TIP 일정한 루트를 꾸준히 달리면, 아이도 익숙한 경로를 기억하며 더 편안함을 느낀다.

2. 시각·청각·균형 감각 발달에 도움을 준다

아이는 정적인 환경보다 움직이는 환경에서 더 많은 자극을 받으며 성장한다. 유아차 러닝을 하면 아이의 시각, 청각, 균형 감각이 자연스럽게 발달한다. 빠르게 변하는 풍경을 보며 시각 발달을 촉진할 수 있고 바람 소리, 새소리, 자동차 소리 등 다양한 소리를 들으며 청각이 발달된다. 그리고 유아차의 움직임을 몸으로 느끼며 균형 감각도 향상된다.

TIP 달리는 도중 아이가 주변 사물을 보며 흥미를 보인다면, "이건 나무야. 저건 강물이야." 같은 설명을 해주자.

3. 부모와의 애착 형성을 도와준다

아이와 부모가 함께하는 활동은 애착 형성에 매우 중요한 요소다. 유아차 러닝은 단순한 운동이 아니라, 부모와 아이가 함께하는 소중한 시간이다. 부모와의 교감을 통해 안정적인 정서 발달은 물론 아이에게 '나는 보호받고 있다.'는 신뢰감을 심어준다. 그리고 함께 해냈다는 성취감은 아이에게 이루 말할 수 없는 소중한 성장동력이 된다. 아이는 부모와 함께하는 시간이 많을수록 아이의 자존감이 향상된다.

TIP 러닝을 끝낸 후 아이를 안아주며 "우리 오늘 정말 잘했어!"라고 말해

주자. 아이는 부모의 칭찬과 애정을 통해 더 큰 안정감을 느낀다.

　육아를 하면서도 건강한 라이프스타일을 유지하고 싶은가? 아이와 더 많은 시간을 보내면서도, 나 자신을 위한 시간도 포기하고 싶지 않은가?
　유아차 러닝은 부모와 아이가 함께 성장하는 시간, 그리고 건강한 습관을 만드는 과정이다. 처음에는 조금 낯설 수도 있다. 하지만 한 번 시작해 보면, 이보다 더 좋은 육아와 운동의 조화는 없다는 걸 깨닫게 될 것이다. 내가 좋아하는 취미를 좋아하는 사람과 함께 하면 더 행복하듯, 아무리 힘든 육아도 다 줘도 아깝지 않을 만큼 사랑하는 아이와 함께 한다면 그 보람과 기쁨은 이루 말할 수 없다. 유아차 러닝, 걷기부터 시작해보자. 운동은 혼자 해야 한다는 생각을 버리면, 더 큰 즐거움이 따라올 것이다.

캥거루는 늘 아기와
함께 달린다

지금은 매주 주말이면 아이와 함께 유아차 러닝을 하는 것이 일상이 되었다. 마라톤 대회에 참가하거나 한강을 달리다 보면, 예전과는 확연히 달라진 사람들의 반응을 체감한다. 직접 응원을 건네는 사람들도 있다.

"엄마(아빠) 멋져요!", "대단해요. 파이팅!"

하지만 때로는 주변에서 흘러나오는 작은 소리가 더 크게 들릴 때도 있다. "와, 유아차가 나보다 더 빨리 가네. 진짜 대단하다"

"아기 봐! 너무 귀여워. 아기도 달리고 있네!"

그럴 때면 나도 모르게 자세를 가다듬고 다리에 힘을 주며 더 힘차게 달린다. 그리고 환한 미소로 "감사합니다!"라고 화답한다. 하지만 처음부터 모두가 환영했던 것은 아니었다.

 처음 빈 유아차로 연습하러 한강에 나갔던 날을 잊지 못한다. 유아차 러닝을 본격적으로 시작하기 전, 몸의 감각을 익히고자 아이 없이 빈 유아차를 밀며 달렸다. 아직은 어색한 동작에 나도 삐그덕거리고 있었을 때, 주변에서 들리는 소리가 유독 크게 들렸다.

 "미쳤나 봐, 애를 태우고 달린다고?", "헉, 설마?"

 몇몇 사람들은 계속해서 뒤를 돌아보며 수군거렸다. 만약 아이와 함께 달렸다면 더 따가운 시선을 받았을까? 속상하고 화도 나서 보란 듯이 유아차 캐노피를 활짝 열어 아이가 없음을 보여주고는 속도를 높여 달렸다.

함께 유아차 러닝 할래요?

 유아차 러닝은 내 오랜 로망이었다. 아마 많은 러너가 같은 꿈을 품고 있을 것이다. 함께 달리는 것의 힘을 누구보다 잘 알기에, 사랑하는 가족과 달릴 수 있다는 건 특별한 의미를 가진다. 하지만 처음부터 쉬운 길은 아니었다. 유아차 러닝이 가족을 위한 건강한 활동이며, 몇 가지 기본 수칙만 지키면 누구나 안전하게 즐길 수 있다는 것을 직접 보여주고 싶었다.

 솔직히, '정말 가능할까?'라는 생각이 들 때도 있었다. 출산율은 계속해서 감소하고 있었고, 공원에서 유아차를 탄 아이보다 유아차를 탄 반려견이 더 많아지는 현실도 마주했다. 그래서 먼저 유아차 기부런을 기획했다. 사람들의 반응을 살피고, 함께할 사람들을 모으기 위해서였다. 처음엔 겨우 10명 남짓한 인원으로 시작했다. 지인들에게 연락을 돌리고, 직접 발로 뛰며 사람들을 모은 끝에 34팀의 가족이 첫 유아차 러닝을 함께하게 되었다. 그리고 그날 같은 한강 코스지만 전혀 다른 분위기를 경험했다.

빈 유아차로 달리기를 했던 같은 코스를 이번에는 34개의 유아차와 함께 달렸다. 안전을 고려해 보행도로가 넓은 코스를 선택하고, 보행자가 적은 주말 이른 오전에 출발했다. 그리고 곧 알게 되었다. 혼자 달릴 때와는 완전히 다른 경험이라는 것을. 그날 한강에 있던 많은 사람이 박수를 보내주었다.

"너무 멋지다.", "정말 건강한 모습이네요!"

기립박수와 응원의 목소리는 그동안의 고민과 속상했던 마음을 말끔히 씻어주었다. 바람을 맞으며 달리는 순간, 나는 그저 '이 길이 맞다'는 확신이 들었다. 한 명 한 명 이야기를 나누며 달리다 보니 우리에게는 공통점이 있었다. 달리기를 사랑하는 사람들, 그리고 아이의 성장을 누구보다 소중히 여기는 사람들이었다. 단순히 자신만을 위한 운동이 아니라, 아이와 함께 건강한 삶을 만들어가려는 정말 건강한 부모들이었다.

혼자 달릴 때는 외로웠다. 하지만 그날은 달랐다. 누군가의 슈퍼맨, 슈퍼우먼이었다. 9개월 된 아이부터 7살 아이까지, 한강에는 아이들의 웃음소리가 퍼졌다. 부모의 마음은 같았다. 유아차의 형태

나 크기는 달랐지만, 아이가 건강하게 자라길 바라는 마음은 모두 같았다. 많은 것을 보고 느꼈으면 하는 마음은 같았다. 유아차를 밀며 달리는 건 결코 쉬운 일이 아니었다. 하지만 함께 달리니 힘을 낼 수 있었다. 그리고 이렇게 함께라면 앞으로 더 멀리 나아갈 수도 있겠다는 생각이 들었다.

그렇게 유아차 러닝이 더 멀리 나아가기 위한 첫걸음이 되길 바라며, 유아차 러닝 크루가 탄생했다. 기부런을 진행한 지 일주일도 채 지나지 않아 자연스럽게 탄생한 모임이었다. 달리며 대화를 나누던 중 늘 혼자 달렸지만 이렇게 함께할 수 있는 자리를 마련해줘서 고맙다고 말하는 한 아이의 아빠를 만났다. 그 자리에서 나는 즉흥적으로 제안했다.

"유아차 러닝 크루를 만들어보면 어떨까요?"

뜻밖에도 흔쾌히 동의해 주었고, 바로 카페로 가 함께 구체적인 계획을 세웠다. 그리고 크루명 투표를 거쳐 '캥거루 크루'가 탄생했다. 지금은 무려 100가족이 함께 달린다. 물론 유아차를 졸업할 날이 가까운 아이도 있고, 새롭게 태어난 둘째와 다시 함께 달리는 부모도 있다. 멤버들은 계속 바뀌지만, '함께 달리는 힘'에 대한 열정만큼은 여전히 뜨겁다.

캥거루 크루는 마치 캥거루가 아기 주머니에 새끼를 품고 달리는 것처럼, 부모와 아이가 하나 되어 함께 뛰는 공동체다. 그리고 이 크루에는 특별한 가입 선물이 있다. 바로 이름표다. 부모도 달릴 때 응원의 힘이 얼마나 큰지 잘 안다. 마라톤 대회에서 이름을 부르며 응원받을 때마다 힘이 나는 것처럼, 아이들도 그 감정을 그대로 느낄 수 있기를 바랐다. 그래서 유아차에 눈에 잘 띄는 노란색 바탕의 이름표를 달았다. 큼지막하게 아이의 이름이 적혀 있고, 그 위에는 "아이와 함께 달리고 있어요. 저를 응원해 주세요!"라는 문구가 새겨져 있다. 덕분에 달릴 때마다 많은 분이 아이의 이름을 불러주며 응원해 준다. 그리고 우리는 아이들이 단순히 응원을 받는 것을 넘어 다른 사람을 응원하는 모습도 배운다는 것을 깨달았다. 자신만의 성공만을 좇는 아이가 아니라 다른 사람의 성장을 함께 응원할 줄 아는 배려 깊은 아이로 자라고 있다는 것. 그 변화는 무엇과도 바꿀 수 없는 큰 기쁨이었다.

"달리기 경주, 언제 또 해요?"

18개월 된 첫째 아이는 거리에서 조깅하는 사람만 봐도 "달려, 달려! 파이팅!"이라고 신나게 외친다. 높은 계단을 오를 때면 스스로에게 "나는 할 뚜 이따!"라고 말하며 한 걸음 한 걸음 힘차게 올라간다. 4살이 된 아이는 아침에 눈을 뜨자마자 묻는다. "달리기 경주는 언제 또 해요? 형아들 보고 싶어요." 마라톤 대회에서 받은 완주 메달을 자랑스럽게 목에 걸고 유치원에 가고, 선생님과 친구들에게 그날의 이야기를 들려준다. 7살 아이의 그림일기에는 달리던 순간의 추억이 생생하게 남아 있다. 이 모든 것들이 아이들이 보여줄 수 있는 가장 솔직하고 순수한 표현이 아닐까? 말로 다 하지 않아도 그들이 느낀 감동과 즐거움은 이미 몸과 마음에 새겨지고 있는 것이다.

비슷한 연령대의 아이를 키우는 부모들이 모이다 보니 정보 공유도 많고, 나눔도 활발히 이루어진다. 유아차 러닝뿐만 아니라, 자연스럽게 공동육아의 장이 되었다. 한여름과 한겨울을 제외하고 매달 정기 러닝을 진행하고, 마라톤 대회에도 함께 출전한다. 가끔은 이벤트성 기부런도 연다. 엄마나 아빠가 준비하는 동안 아이를 함께 돌봐주기도 하고, 아이들끼리 재미있게 놀면서 부모들은 잠깐이나마 여유를 찾는다. 길어야 고작 4년 남짓. 아이들은 빠르게 자라고, 이 순간이 짧다는 걸 알기에 더 밀도 있는 추억을 만들기 위해 매주 어른 캥거루와 아기 캥거루들은 노력한다.

언젠가 나도 유아차를 졸업할 날이 올 것이다. 하지만 바람이 있다면, 누군가가 이 크루를 계속 이어가 주었으면 한다. 부모와 아이가 함께하는 이 따뜻한 문화가 단순한 일시적인 활동이 아니라, 더 많은 사람에게 전해졌으면 좋겠다. 그리고 어쩌면, 이렇게 함께 달리는 것이 우리 사회에 작은 변화를 만드는 시작이 될 수도 있지 않을까? 아이와 함께 달리는 부모들이 많아질수록, 세상도 조금 더 건강하고 따뜻해실 테니까.

부모가 성장해야
아이도 성장한다

부모가 되면서 한 가지 확실히 깨달은 것이 있다. 부모가 된다는 것은 단순히 아이를 돌보는 역할이 아니라 부모 역시 아이와 함께 배우고 성장해가는 과정이라는 것이다. 아이가 열이 나고 아픈 뒤 새로운 능력을 터득하듯, 부모도 시행착오를 거치며 점점 더 좋은 부모가 되어간다. 하지만 우리는 종종 '좋은 부모'란 아이를 신체적, 정신적으로 균형 잡힌 성장을 돕는 부모라 생각하면서, 정작 부모 자신이 성장하는 것이 아이의 성장에도 직결된다는 사실을 간과하곤 한다. 아이들은 부모의 삶을 보고 배운다. 부모가 배우고 도전하는 모습을 보며 아이도 자연스럽게 같은 태도를 습득한다. 그렇다면 아이와 함께 성장하는 부모가 되려면 어떻게 해야 할까?

부모의 성장이 중요한 이유

1. 아이는 부모를 보고 배운다

부모는 아이의 첫 번째 롤모델이다. 부모가 꾸준히 독서를 하면 아이도 책을 가까이하고, 부모가 운동을 즐기면 아이도 몸을 움직이는 것이 자연스럽게 즐거운 일이 되며, 산과 바다를 자주 찾으면, 아이는 자연의 소중함을 몸소 느끼며 자연과 함께하는 법을 배운다. 부모가 새로운 도전을 두려워하지 않고 계속 배움을 이어간다면, 아이도 배움의 과정 자체를 당연한 것으로 받아들인다.

가수 션은 달리기와 기부를 꾸준히 실천하는 것으로 유명하다. 그의 아이들은 부모를 거울삼아 어릴 때부터 달리기를 일상의 일부로 받아들이고 용돈을 모아 기부한다. 배움과 실천이 자연스럽게 삶의 일부가 되는 것이다. 부모의 태도가 아이의 가치관을 형성한다. 배움이 멈추지 않는 가정에서 자란 아이는, 성장과 도전을 두려워하지 않는 어른으로 자랄 가능성이 크다. 그렇기에 둘째를 임신하고, 일과 육아를 병행하는 와중에도 책을 쓰는 이유가 여기에 있다. 내가 성장하는 모습을 보이며, 아이에게 '배움은 평생 지속되는 것'이라는 메시지를 전하고 싶기 때문이다.

2. 부모가 행복해야 아이도 행복하다

부모가 늘 피곤하고 지쳐 있다면, 아이 역시 그 분위기를 고스란히 느낀다. 반대로 부모가 자신을 가꾸고, 목표를 세우고, 삶을 즐긴다면 그 에너지는 아이에게도 그대로 전달된다. 부모가 자기계발을 통해 성취감을 느끼면, 아이도 자연스럽게 목표를 세우고 도전하는 태도를 배운다. 부모가 스트레스를 건강한 방법으로 해소하면, 아이도 긍정적인 감정 조절법을 익힌다. 부모가 꾸준히 배우고 성장하는 모습을 보이면, 아이도 평생 학습의 중요성을 체득한다. 부모가 스스로를 돌보지 않으면, 결국 아이를 돌볼 힘도 잃게 된다. 자기계발은 단순한 '스펙 쌓기'가 아니라, 부모가 자신을 잃지 않고 행복을 유지하는 방법이다. 그리고 이것은 단순히 유아기에만 적용되는 것이 아니라, 아이가 성인이 된 이후에도 지속적인 영향을 미친다. 부모가 즐겁게 사는 모습을 본 아이는 스트레스를 덜 받고, 더 긍정적인 사고를 하게 된다.

3. '엄마'와 '아빠'만이 아닌, '나'로 존재하기

부모가 되면 '나'라는 존재가 희미해질 때가 많다. 아이를 돌보다 보면 내 취미나 목표는 점점 뒷전이 되고, 하루하루가 '육아'라는 거대한 소용돌이에 휩쓸려 지나간다. 누군가는 말한다. "육아란 천국에서 24시간 노동하는 것이다." 하지만 자기계발을 지속하면 부모로서뿐만 아니라 한 명의 독립된 '개인'으로서도 성장할 수 있다. 아이에게 "네가 하고 싶은 걸 찾아"라고 말하면서, 정작 부모 자신은 아무런 꿈도 목표도 없이 살아간다면 아이는 무엇을 보고 배울까?

부모가 자신의 삶을 즐기고, 스스로를 아끼고 사랑하는 모습을 보이면, 아이도 자기 자신을 소중히 여길 줄 알게 된다. 이는 단순한 여유의 문제가 아니라 아이를 키우면서도 '나'를 잃지 않는 삶을 만들어가는 과정이다. 내 아이가 '타인'의 삶을 살아가길 바라는 부모는 그 어디에도 없을 것이다. 부모가 몸을 긍정적으로 받아들이고 꾸준히 관리하는 모습을 보면, 아이도 자신의 외모나 신체에 대해 자신감을 갖고 사랑하게 된다.

실제로 탑걸즈 크루 활동 중에 매주 초등학생 아들과 함께 오는 어머니가 계셨다. 엄마가 달리는 동안 아이는 카페에서 책을 읽거나 하고 싶은 일을 하며 시간을 보냈다. 내가 아이에게 물었다. "엄마 어때?" 아이는 밝은 얼굴로 주저 없이 답했다. "멋져요. 운동하는 모습이 자랑스러워요." 아이는 부모를 통해 '나는 소중한 존재'라는 것을 자연스럽게 배우게 된다. 결국 부모가 자기를 돌보는 모습 자체가 아이에게는 가장 강력한 교육이 된다.

부모가 자기계발을 지속하는 방법

내게는 롤모델처럼 그녀의 삶을 응원하고 지지하는 지인이 있다. 그녀는 꿈에 그리던 카이스트 대학원에 합격한 동시에 오랜 기다림 끝에 '임신'이라는 기쁜 소식도 맞이했다. 모두가 말했다. "지금이야말로 부모로서 자기계발을 멈춰야 할 순간이다." 하지만 그녀는 심한 입덧을 겪으면서도 단 한 번의 수업을 빠지지 않았고, 결국 올 A+ 학점을 받으며 우수 장학생으로 선정되었다. 출산 후에도 마찬가지였다. 아기띠를 메고 20대도 버거워할 어려운 과제를 수행했고 하루 3시간 수면이 일상이었다. 그리고 그녀는 말했다. "부모님께 10억을 물려받았어요." 처음엔 무슨 의미인지 몰랐다. 그런데 그녀의 설명을 듣고 깨달았다.

　대학원에서 학업 우수상을 받고, 신생아를 키우며 올 A+를 받을 수 있었던 것은 그녀 혼자만의 힘이 아니었다. 그녀는 부모님께서 남겨주신 '가정환경' 덕분이라고 했다. 평생을 증권맨으로 살아온 그녀의 아버지는 퇴직 후에도 20대와 함께 IT 교육을 받으며 끊임없이 배우고 성장하는 사람이었다. 그녀의 어머니 또한 세 자녀를 훌륭하게 길러낸 어머니였지만, 딸의 임신 소식을 듣자마자 산후관리사 자격증 수업을 듣기 시작하셨다. 이미 익숙한 지식일지라도 변화하는 시대를 인정하고 새로운 배움을 받아들이는 분들이었다. 그런 부모님 아래에서 자란 그녀에게 임신과 육아는 결코 장애물이 될 수 없었다.

　그리고 그녀는 말했다. "저도 그런 부모가 되어야겠다고 다짐합니다. 단순히 돈을 물려주는 부모가 아니라 아이에게 평생 잘 살아갈 수 있는 '삶의 태도'를 물려주는 부모 말이죠." 나는 그 가치가 단순한 10억이 아니라 100억 이상의 의미를 가진다고 생각한다. 지금 그녀는 돌이 지난 아이와 함께 영국으로 유학을 떠나 인공지능 강연가와 크리에이터로 활동하고 있다. 부모가 계속 배우고 성장하는 모습을 보일 때 그 태도는 자연스럽게 아이에게도 전해진다.

1. 작은 시간이라도 나를 위한 시간을 만들자

시간이 부족하다는 것은 부모라면 누구나 하는 고민이다. 하지만 자기계발을 위해 꼭 거창한 시간을 내야 하는 것은 아니다. 하루 10~30분이라도 나를 위한 시간을 정해두고 활용하는 것이 중요하다. '운동'이 목표라면 아이가 낮잠을 잘 때 10분이라도 간단한 스트레칭이나 홈트레이닝을 해보자. '독서'가 목표라면 하루 10페이지라도 꾸준히 책을 읽자. '배움'이 목표라면 육아 관련 교육뿐만 아니라 부모가 배우고 싶은 취미나 관심사를 찾아보자.

2. 아이와 함께할 수 있는 자기계발 찾기

부모가 자기계발을 지속하는 가장 좋은 방법 중 하나는, 아이와 함께할 수 있는 활동을 찾는 것이다. 유아차 러닝을 하며 체력을 기르고, 요가나 등산을 함께하며 몸을 단련하고, 아이가 조금 더 크면 수영이나 자전거 타기도 즐길 수 있다. 독서를 함께하며 책 읽는 습관을 길러주고, 그림 그리기나 요리를 함께하며 창의력을 키운다. 내가 만든 요리는 아이에게 세상에서 가장 맛있는 음식이 될 것이다. 작은 텃밭이나 실내 정원을 가꾸며 자연을 탐구하고 배우는 것도 좋은 방법이다. 쓰레기를 줍는 플로깅을 하거나 보육원·양로원 방문 봉사활동도 함께할 수 있다. 생각보다 아이와 함께할 수 있는 자기계발의 기회는 무궁무진하다.

부모가 성장하면 아이도 성장한다. 자기계발을 지속하는 부모는 아이에게 '배움은 평생 계속되는 것'이라는 가장 값진 가르침을 몸소 보여준다. 그리고 무엇보다, 부모가 행복할 때 아이도 행복하다는 사실을 잊지 말자. 육아가 힘들다고 해서 '나'를 포기하지 말자. 나를 돌보는 것은 결국 아이를 위한 일이기도 하다. 유아차 러닝이든, 독서든, 새로운 도전이든, 아이와 함께 성장하는 삶을 선택하자.

부모가 멈추지 않으면, 아이도 멈추지 않는다.

오늘도 한 걸음 더 나아가자.

그것이 부모로서, 한 사람으로서 아이에게 줄 수 있는 가장 큰 유산이다.

작지만 뚜렷한 목표를
꾸준히 쌓아가자

목표를 세울 때 가장 중요한 것은 구체적으로 정하는 것이다. 막연히 "운동해야지"라고 생각하는 것과 "하루 30분씩 주 3회 러닝하기"라고 정하는 것은 큰 차이가 있다. 목표가 구체적일수록 실행 가능성이 높아진다. SMART 원칙을 활용하면 목표를 빠르고 쉽게 달성할 수 있다.

SMART 목표 설정 원칙

S(Specific): 구체적이어야 한다

"일찍 일어나는 습관을 길러야지" 보나는 "5시 30분에 일어나서 명상하고 일기를 써야지"처럼 명확한 목표를 세워야 한다. 목표가 구체적일수록 실행이 쉬워진다.

M(Measurable): **측정할 수 있어야 한다**

"살을 빼고 싶다"보다는 "3개월 안에 5kg 감량"과 같이 정확한 수치를 설정해야 한다. 명확한 기준이 있어야 진척도를 확인할 수 있고, 꾸준한 실천으로 목표를 이루는 관성도 함께 길러진다.

A(Achievable): **실현 가능한 목표여야 한다**

"3개월 안에 영어 원서 100권 읽기" 같은 무리한 목표는 쉽게 지치게 만든다. 대신 "3개월 동안 하루 2쪽씩 영어 원서 읽기"처럼 실현 가능한 목표를 세워야 꾸준히 지속할 수 있다.

R(Relevant): **나에게 의미 있는 목표여야 한다**

"다들 다이어트 하니까 나도 운동 해야지"는 나의 목표가 될 수 없다. "더 건강한 몸을 만들기 위해 주 3회 운동하기"처럼 나에게 동기부여가 되는 목표를 세워야 지속할 수 있다.

T(Time-bound): **기한이 있어야 한다**

"언젠가 유럽 여행 가고 싶어"는 계속 미룰 이유만 찾게 된다. 실행 가능하도록 "2년 안으로 유럽 여행을 위해 월 30만 원 저축하기"처럼 구체적인 기한을 설정하면 목표 달성 가능성이 높아진다.

목표 달성을 위한 실행 전략

1. 목표를 작은 단계로 쪼개기

목표를 정했다면 이제 실천 가능한 계획을 세워보자. 큰 목표를 단기 목표로 나누면 훨씬 쉽게 도달할 수 있다. '10km 완주'가 목표라면, 처음에는 5km 완주 → 7km 달리기 → 10km 도전과 같이 설정할 수 있다. 장기 목표를 달성하기 위해 단기 목표를 설정하는 것이 중요하다. 나는 처음 달리기를 시작한 후 단 6개월 만에 풀코스 마라톤을 완주했다. 하지만 처음부터 42.195km를 목표로 했다면 도전조차 하지 못했을 것이다. 나의 첫 목표는 단 5분 달리기였다. 5분을 달려냈다는 성취감이 나를 다음날 다시 운동화 끈을 묶게 만들었다. 6분 → 7분 → 30분 → 마침내 풀코스 도전! 목표를 세울 때 고속도로의 휴게소처럼 작은 단계를 설정하면 중간중간 성취감을 느낄 수 있고, 포기하지 않게 된다. 처음부터 큰 변화를 기대하지 말고 작은 습관부터 쌓아보자.

2. 습관 형성을 위해 환경 만들기

목표를 꾸준히 실천하려면 의지력만으로 버티기보다 환경을 목표에 맞게 설계하는 것이 중요하다. 작은 환경 변화만으로도 행동을 지속하는 데 큰 도움이 된다.

첫째, 시작을 쉽게 만들자. 운동이 목표라면 러닝화를 현관에 미리 꺼내 두고, 헬스장 가방을 미리 싸두는 것만으로도 실행 확률이 높아진다. 책을 읽고 싶다면 책을 잘 보이는 곳에 두고, 스마트폰 대신 책을 먼저 손에 닿는 위치에 놓아두자.

둘째, 불필요한 장애물을 제거하자. 아침에 러닝을 하려는데 운동복을 찾느라 시간을 허비하면 의욕이 꺾일 수 있다. 전날 밤 미리 준비하는 습관을 들이면 실행이 한결 쉬워진다. 건강한 식습관이 목표라면 간식을 눈에 안 보이게 치우고, 과일이나 건강한 식재료를 잘 보이는 곳에 두는 것이 도움이 된다.

셋째, 환경을 목표에 맞게 변화시키자. 러닝을 습관화하고 싶다면 집이나 회사 근처의 러닝 코스를 미리 조사하는 것도 도움이 된다.

결국 사소한 환경 변화가 큰 차이를 만든다. "내가 더 쉽게 목표를 실천할 수 있는 환경을 어떻게 만들 수 있을까?"를 고민하며 실행하면 목표 달성이 훨씬 자연스럽고 쉬워진다.

3. 기록하고 점검하기

목표를 이루기 위해서는 진행 과정을 기록하고 점검하는 습관이 필요하다. 기록은 단순한 메모가 아니라, 내가 얼마나 나아가고 있는지 시각적으로 확인하는 도구가 된다.

첫째, 진행 상황을 매일 기록하자. 러닝이 목표라면 "오늘 몇 km를 뛰었는지", "어떤 컨디션이었는지" 간단히 기록하는 것만으로도 동기부여가 된다. 다이어트라면 식단과 운동량을, 독서라면 읽은 페이지 수를 적는 식으로 꾸준히 점검해보자. 운동앱을 활용해 볼 수도 있다. 나 역시 원고를 완성하기 위해 하루에 작성한 목차의 수를 기록하며 나태해지지 않도록 스스로를 관리했다.

둘째, 주간·월간 리뷰를 하자. 매일 기록한 데이터를 바탕으로 주간 혹은 월간 목표를 얼마나 달성했는지 점검해보자. 계획대로 잘 진행되고 있다면 어떤 점이 효과적이었는지 살펴보고, 예상보다 부족했다면 원인을 분석해보는 과정이 중요하다. 너무 과도한 목표를 설정하진 않았는지, 혹은 너무 적은 목표를 설정하진 않았는지 중간 점검을 통해 수정하고 보완하자. 계획이 예상대로 진행되지 않을 수도 있다. 중간 점검을 통해 속도를 조절하거나 방향을 수정하는 것이 중요하다.

셋째, 눈에 보이는 방식으로 기록하자. 달력에 X 표시를 하거나 앱을 활용해 성취도를 체크하는 것도 좋은 방법이다. 목표를 점점 채워가는 과정 자체가 큰 동기부여가 된다. 기록은 단순한 숫자가 아니라 나의 성장 과정이 담긴 증거다. 꾸준히 점검하고 피드백하며 목표에 한 걸음씩 다가가 보자.

4. 주변 사람들에게 목표를 말하라

목표를 혼자만 알고 있으면 쉽게 포기할 수 있다. 하지만 주변 사람들에게 목표를 말하는 순간, 책임감이 생기고 실천해야겠다는 동기가 강해진다.

첫째, 공개 선언 효과를 활용하자.

SNS에 목표를 올리거나, 가까운 친구, 가족, 동료에게 이야기해 보자.

"나는 올해 10km 마라톤을 완주할 거야", "한 달에 책 2권씩 읽을 거야."

이렇게 말하는 순간 단순한 '다짐'이 아니라 '해야 할 일'이 된다.

둘째, 응원과 피드백을 받을 수 있다.

주변 사람들은 당신의 목표를 응원해주고, 때때로 현실적인 조언을 해주기도 한다. 그리고 목표를 이룰 수 있도록 배려하고 도와준다. 이 글을 쓰고 있는 지금, 나 역시 가족들 도움 덕분에 잠시 육아에서 벗어나 카페에서 글을 쓰고 있다. 목표를 공유하면 예상치 못한 지원을 받을 수도 있다.

셋째, 책임감이 동기를 강화한다.

혼자 목표를 세우면 "오늘은 그냥 쉬자…" 하면서 쉽게 무너질 수 있지만, 목표를 공유한 순간 포기하기 어려워진다. "친구한테 말했는데, 안 하면 창피할 것 같아"라는 심리가 작용해 실천 가능성이 높아진다. 목표가 있다면 말하자. 목표를 말하는 순간, 그것은 단순한 바람이 아니라 '이뤄야 할 약속'이 된다.

5. 보상 시스템 활용하기

작은 보상이 큰 동기를 만들다. 목표를 달성하는 과정에서 스스로에게 보상을 주는 것은 동기를 유지하는 강력한 방법이다. 보상은 목표 달성을 즐겁게 만들고, 성취감을 높여 지속적인 실천을 가능하게 한다.

첫째, 단기 목표마다 작은 보상을 설정하자.

예를 들어, "이번 주에 3번 이상 러닝하면 좋아하는 카페에서 커피 한 잔을 마시자" 또는 "한 달 동안 꾸준히 운동하면 새로운 운동복을 선물하자"와 같은 방식이다.

둘째, 보상을 너무 크거나 멀리 두지 말자.

목표가 너무 거창하거나 보상이 너무 멀리 있으면 동기부여가 약해질 수 있다. 작은 성취에도 보상을 설정하면 지속적인 동기부여가 된다.

셋째, 보상을 목표와 연결하면 효과가 배가 된다.

예를 들어, 마라톤 완주를 목표로 한다면, 열심히 훈련해서 해외 마라톤을 완주해야지! 같은 목표는 좋은 동기부여가 될 수 있다. 목표와 관련된 보상은 다음 목표를 향한 동기까지 만들어준다. 목표 달성의 과정이 지루하게 느껴진다면, 보상 시스템을 활용해보자. 작은 보상의 누적이 결국 큰 성취로 이어진다.

너무 완벽하려고 하지 말자. 100% 완벽하게 하려다 포기하는 것보다 조금씩이라도 꾸준히 하는 것이 더 중요하다. 실천하지 못한 날이 있어도 낙담하지 말자. 하루 이틀 실패했다고 좌절하지 말고, 다시 시작하면 된다. 내가 왜 이 목표를 세웠는지 항상 목표의 의미를 떠올리자. 단순한 목표가 아니라 '이걸 이루면 내 삶이 어떻게 달라질지'를 생각하면 동기부여가 커진다.

러닝이든, 자기계발이든 목표를 세우고 계획을 세우는 과정은 인생을 한 단계 더 성장하게 만든다. 중요한 것은 거창한 목표보다 실천할 수 있는 작은 목표를 꾸준히 쌓아가는 것이다. 러닝을 시작하는 초보자든 풀코스를 도전하는 베테랑이든 한 걸음씩 나아가는 과정이 가장 중요하다. 지금 시작하는 그 순간이 당신의 가장 빠른 출발선이 될 것이다.

불안을 없애는
가장 좋은 방법

중국으로 가는 비자를 기다리는 와중에 달리기로 마음을 다스리고 치유하던 중 울산으로 여행을 떠났던 적이 있다. 그날도 어김없이 비자 명단에 내 이름은 없었다. 속상한 마음에 집에서 가장 먼 곳으로 한 번도 가보지 않은 곳으로 떠나고 싶었다. 나를 아는 사람이 아무도 없는 곳으로. 일종의 도피였다. 마침 그 주에 울산에서 마라톤 대회가 열렸고, 운동화 한 켤레와 운동복만 챙겨 고속버스에 몸을 실었다. 내려가는 버스 안에서도 한참을 울었던 기억이 난다. 하지만 신기하게도 집으로 돌아오는 길에는 버스 안에서 숙면을 취하기도 하고, 바깥 풍경을 바라보며 기분 좋은 미소를 짓기도 했다. 달리는 공간만 달라졌을 뿐인데 마치 나도 다른 사람이 된 것 같았다.

익숙함을 버리자

불안을 없애기 위해 우리는 종종 익숙한 것들에 집착한다. 익숙한 집, 익숙한 길, 익숙한 음식, 익숙한 사람들은 마음을 편안하게 만든다. 하지만 역설적이게도 불안을 진정으로 극복하는 방법은 익숙함을 벗어나 새로운 것에 몸을 던지는 것이다. 낯선 나라로의 여행, 새로운 곳에서의 달리기. 처음에는 낯설고 두렵지만, 발걸음을 내디딜수록 두려움은 사라지고, 그곳과 하나가 되어가는 자신을 발견하게 된다. 하버드 대학 연구에 따르면, "새로운 환경을 경험할 때 뇌는 더 많은 정보를 받아들이고 창의성이 극대화된다"고 한다. 익숙한 곳에서는 깊은 고민 없이 자동적으로 움직이지만, 낯선 곳에서는 감각이 예민해지고 순간에 몰입하게 되는 이유다. 즉 낯선 곳을 탐험하는 것은 우리의 사고방식을 확장하고, 세상을 보는 눈을 넓혀준다. 결국 불안을 극복하는 길은 익숙한 환경을 벗어나 낯선 곳에서 새로운 경험을 쌓는 것이다.

불안을 느낀다는 것은 변화가 필요한 순간이라는 신호일 수 있다. 불안을 줄이는 것이 아니라 불안을 성장의 도구로 활용할 수 있다. 익숙함을 벗어나는 데 두려움이 들 때마다 스스로에게 물어보자.

"이 불안이 나를 어디로 이끌고 있는가?"

우리는 익숙한 것을 편안하게 여기지만, 지속적인 성장은 익숙함을 벗어날 때 이루어진다. 심리학자 캐럴 드웩은 말한다. "성장은 불편함 속에서 일어난다." 새로운 길을 달릴 때, 처음엔 낯설고 어색할 수도 있다. 하지만 그 과정에서 우리는 적응하고, 탐색하고, 도전하며 성장한다. 니체는 이렇게 말하기도 했다. "허물을 벗지 않는 뱀은 결국 죽고 만다. 낡은 사고의 허물 속에 언제까지고 갇혀 있으면 성장은 고사하고 안쪽부터 썩기 시작해 끝내 죽고 만다." 늘 새롭게 살아가기 위해 우리는 사고의 신진대사를 멈추면 안 된다. 의식적으로 새로운 시각을 넓혀줘야 한다.

어쩌면 나도 낯선 곳에서의 여행을 통해 자기 자신을 찾았던 것이 아닐까. 어디론가 떠난다는 것은 설렘이기도 하지만 익숙한 공간과 자신을 뒤로한 채 불편함 속으로 나를 내던지는 일이기도 하다. 밥 한 끼를 먹기 위해 식당을 찾아 나서는 길도, 숙소를 가기 위해 버스 노선을 유심히 살피고 길을 물어물어 가는 것도, 길모퉁이의 작은 카페, 벽화, 노점에서 흘러나오는 음악도 새로운 시각을 선물해준다.

집 앞을 달리는 것도 좋지만, 낯선 곳에서의 달리기는 전혀 다른 경험을 선사한다. 골목길을 지나며 현지인의 일상을 엿볼 수도 있고, 해가 떠오르는 해변을 따라 달리며 자연의 아름다움을 온몸으로 느낄 수도 있다. 달리기는 우리가 단순한 관광객이 아니라 그곳의 공기와 리듬을 몸으로 체험하는 방법이 된다. 낯선 곳을 여행하는 완벽한 방법이다. 헤르만 헤세는 말했다. "길을 떠나는 것은 자기 자신을 찾는 일이다." 여행지에서 달리는 것은 단순히 몸을 움직이는 것이 아니라 새로운 공간에서 나를 찾는 과정이기도 하다.

익숙한 곳을 새롭게 탐험해보자

반드시 여행자가 아니어도 익숙한 곳에서도 새로운 탐험을 할 수 있다. 늘 달리던 코스의 반대 방향으로 달려보자. 익숙한 길을 반복하면 편안하지만, 반대로 가보면 더 큰 집중력이 필요하다. 길을 잃어도 괜찮다. 그 과정에서 우리는 '문제가 생겨도 해결할 수 있다'는 자신감을 얻게 된다. 때로는 속도를 낮추고 주변을 관찰해보자. 늘 지나던 길이지만 시선을 바꾸면 새로운 풍경이 눈에 들어온다. 익숙함을 벗어나 새로운 감각을 받아들이는 순간, 긴장감은 설렘으로 바뀐다. 시간대를 바꿔보는 것도 좋은 방법이다. 늘 저녁에만 달렸다면 밝은 낮에, 늘 낮에만 달렸다면 노을이 지는 시간이나 저녁에 달려보자. 정해진 계획 없이 발길이 이끄는 대로 걸어보는 것도 좋다. 불확실한 환경 속에서 스스로 길을 찾아가는 과정은 불안을 다루는 훌륭한 연습이 된다.

여행지에서 달리는 것은 단순한 운동이 아니라 새로운 세상을 경험하는 방식이다. 우리는 달리면서 더 넓은 세상을 보고, 더 열린 마음을 갖게 된다. 하지만 이 원리는 달리기에만 적용되는 것이 아니다. 삶에서도 우리는 익숙한 것을 벗어나야 한다. 새로운 책을 읽고, 새로운 사람을 만나고, 가보지 않은 길을 걸어야 한다. 그것이 곧 성장이고, 탐험이며, 더 나은 나로 나아가는 길이다. 새로운 길에서 나의 오랜 친구와 적성을 만나게 될지는 아무도 모른다. 삶은 여행과 같다. 한 걸음 내디딜 때마다 새로운 세상이 펼쳐진다.

처음에는 익숙한 길이 더 안전하고 편안하게 느껴진다. 하지만 계속 같은 곳만 달리면 우리는 성장을 멈춘다. 불안함을 이기는 길은 결국 새로운 도전을 받아들이는 것에서 시작된다.

"불안을 없애는 가장 좋은 방법은 불안을 마주하는 것이다."

낯선 곳에서의 달리기는 단순한 운동이 아니다. 그것은 두려움을 뛰어넘는 과정이며, 불확실성 속에서도 앞으로 나아갈 수 있다는 믿음을 주는 경험이다. 그러니 다음번에 불안을 느낀다면, 새로운 길 위로 나서보자.

길을 잃어도 괜찮다. 결국 새로운 길을 찾을 테니까.

좋아하는 일을
지속하는 힘

달리기를 처음 시작했을 때는 내 몸과 마음이 가벼워지는 게 좋았다. 기록을 단축하는 것도, 대회를 나가는 것도 매주 열리는 축제였고 파티였다. 달리는 순간, 그 자체가 좋았다. 하지만 어느새 달리기는 내 직업이 되었다. 마라톤 대회를 매력적인 글로 표현해야 하고, 낯선 운동화를 신고 풀코스를 달려 봐야 하기도 했다. 달리기를 온전히 즐기기보다는 사진과 영상을 찍고 편집하기에 바빴다. 풍경을 천천히 바라보면서 뛰는 나를 위한 달리기보다 누군가의 자세를, 호흡을 봐주며 달리게 되었다. 취미로 시작한 달리기가 내 삶의 중심이 된 지 10년이 되어간다.

많은 사람이 묻는다. "좋아하는 취미가 직업이 되면 어때요?" 나는 대답한다. "좋은 점도 많고, 어려운 점도 많아요." 좋아하는 일을 하며 살 수 있다는 것. 어렸을 때는 누구나 좋아하는 일을 하면서 살고 싶어 한다. 하지만 현실은 말처럼 쉽지 않다. '좋아하는 것'과 '먹고 사는 것'은 다르다. 좋아하는 일이 직업이 되면 많은 사람이 꿈꾸는 이상적인 삶일 것이다. 아침에 눈을 뜨자마자 '출근'이 아니라 '내가 하고 싶은 일'을 한다는 것은 정말 매력적이다. 월요일이 두렵지 않고, 일할 때마다 성취감을 느낀다면 더할 나위 없이 행복할 것이다. 스티브 잡스는 말했다. "당신이 사랑하는 일을 찾아라. 그것이 아니라면 멈추지 말고 계속 찾아라." 나는 사랑하는 달리기를 찾아 지금까지 달려오고 있다. 하지만 취미와 직업은 다르다는 걸, 좋아하는 달리기 하나만으로는 충분하지 않다는 걸 시간이 지나면서 깨닫게 되었다.

취미로 달릴 때는 '오늘은 달릴까 말까?' 고민할 수 있었다. 오전에 비가 오면 오후로 운동 스케줄을 변경할 수도 있었고, 헬스장에서 대체 운동도 가능했다. 하지만 직업이 되니 달리고 싶지 않은 날에도 달려야 했다. 밤을 꼬박 새운 다음날 이른 아침에도 무거운 몸을 이끌고 나가야 했다. 넘어져서 다리 부상이 있을 때도, 심지어 생리통이 심했을 때도 달려야 했다. 러닝 크루를 이끌고, 코칭을 하고, 행사를 기획하고, 달리기가 단순한 운동이 아니라 '해야 하는 일'이 되었다.

취미로 즐길 때는 성과에 대한 압박도 없었다. 하지만 좋아하던 일이 업무가 되면서 '해야 하는 일'로 변한다. 마감이라는 기한도 생긴다. '오늘은 그냥 쉬고 싶다'는 생각이 들어도 약속한 일이기에 해야 한다. 경제적인 부담도 커진다. 취미로 할 때는 단순한 즐거움이었지만, 직업이 되면 수입과 연관되면서 안정적인 성장을 고민해야 한다. 평소에 달려보고 싶었던 대회를 포기하고, 일을 선택하게 될 수도 있다.

내가 원하는 방식대로만 할 수 없다. 예전에는 내 기분에 따라 코스를 정하고, 속도를 조절했다. 하지만 직업이 되면 혼자만의 러닝이 아니라 함께하는 사람들의 필요도 고려해야 한다. 책임이 따라온다. 나 혼자 즐기는 게 아니라 사람들에게 동기부여를 해주고, 가르치고, 부상 없이 안전하게 이끌어야 한다. 내가 지쳐도, 내 발이 무거워도, 누군가는 나를 보고 달리기를 시작한다.

이 모든 변화가 달리기를 더 힘들게 만들기도 했지만, 반대로 더 깊이 사랑할 수 있는 계기가 되기도 했다. '좋아하는 일은 힘들지 않다'고 생각할 수 있지만, 반은 맞고 반은 틀리다. 아무리 좋아하는 일도 직업이 되면 힘들 때가 온다. 완벽한 직업이란 없기 때문이다.

일과 취미의 균형을 맞추는 법

취미가 직업이 되었다고 해서 그 즐거움을 잃을 필요는 없다. 물론 나도 달리기를 직업으로 갖고 2년까지는 균형을 맞추기 어려웠다. 하지만 지금은 순간순간이 행복하고 감사하다. 천직처럼 느껴지기도 한다. 나는 몇 가지 원칙을 세워 이 균형을 유지하려고 노력한다.

1. 여전히 취미로 남겨두자.

직업이 된 이후에도 '일이 아닌 순수한 즐거움'으로 그 취미를 하는 시간을 따로 가져보자. 일주일에 한 번은 나 혼자만을 위한 달리기 시간을 의무적으로 갖고 있다. 해야 하는 의무가 아닌, 스스로 만족하기 위한 활동이 중요하다. 오롯이 나를 위한 취미의 시간을 확보하자.

2. 새로운 취미를 만들자.

좋아하는 일이 직업이 되었다면, 또 다른 새로운 취미를 찾아보자. 한 가지 일에만 몰입하다 보면 금세 지칠 수 있기에 전환이 되는 새로운 즐거움을 만들자. 그런데 한 가지 유의해야 할 점은 새로운 취미가 또 다른 직업이 될 수도 있다는 것이다. 취미였던 베이킹이 지금은 직업이 된 것처럼 말이다. 그래서 지금은 승마라는 새로운 취미를 만들었다.

3. 마음가짐을 바꾸자.

직업이 된 이상 '내가 하고 싶은 대로만 할 수 없다'는 것을 인정하는 것이 필요하다. 때로는 고객의 요구를 맞추고, 비즈니스적인 사고를 해야 하지만, 그렇다고 해서 본질적인 즐거움까지 잃을 필요는 없다. 힘든 순간도 당연하다는 것을 받아들이고, 일이 있다는 것 자체가 감사한 일이라는 걸 잊지 말자.

좋아하는 일을 계속 사랑하는 법

러닝은 내 직업이다. 그렇지만 나는 여전히 취미인 달리기와 직업인 달리기 모두를 사랑한다. 그 이유는 간단하다. 달리기를 통해 얻은 기쁨을 다른 사람과 나누고 있기 때문이다. 취미가 직업이 되었을 때 가장 중요한 것은 그 일을 계속 사랑할 방법을 찾는 것이다. 강박적으로 돈을 벌어야 한다는 생각에 빠지기보다는, 처음 그 일을 시작했을 때의 마음을 잊지 않으려는 노력이 필요하다.

1. 성공의 기준을 다시 정하자.

돈을 많이 버는 것이 유일한 성공이 아니라, '좋아하는 일을 오래 지속할 수 있는 것'도 큰 성공이다. 어떻게 해야 오래도록 좋아하는 일을 할 수 있을지 고민하자. 내 몸과 마음이 지치지 않도록 조절하는 것이 중요하다.

2. 자신만의 방식을 찾자.

남들이 하는 방식이 아니라, 나만의 방식으로 직업을 만들어가는 것이 중요하다. 그렇게 해야 번아웃을 피하고, 오랫동안 즐길 수 있다.

3. 초심을 떠올리자.

왜 이 일을 시작했는지, 그때 어떤 기분이었는지를 자주 떠올리자. '일'이 되어버린 순간에도 여전히 즐길 수 있도록 말이다. 파블로 피카소는 말했다. "모든 어린아이는 예술가다. 문제는 자라면서도 예술가로 남는 것이다." 좋아하는 일을 끝까지 사랑하는 것, 그것이야말로 취미를 직업으로 삼은 사람들이 해야 할 가장 중요한 과제일 것이다.

좋아하는 일을 직업으로 삼는 것은 단순한 행운이 아니라 더 깊이 사랑할 기회다. 때로는 기대와 현실이 다를 수도 있지만, 우리가 처음 그 일을 선택한 이유를 기억한다면, 그 과정 역시 즐거운 여정이 될 수 있다. 모든 일이 그렇듯 그 어려움을 넘어서면 더 단단해지고, 더 성장하며, 더 깊은 즐거움을 발견할 수 있다. 마지막으로 스스로에게 묻자. '나는 이 일을 언제까지 즐기고 싶은가?' 만약 그 답이 '할머니' 혹은 '할아버지'가 될 때까지라면, 그 길을 오래도록 건강하게 즐기는 방법을 찾아보자. 사랑하는 일을 오래도록 지속할 수 있도록. 내 '일'이 있기에 내일이 있다.

 **4장** 나만의 속도로 달린다

"자신을 믿는다는 것은
아직 존재하지 않는 길을 스스로 만들어가는 일이다."

_철학자 니체

권태는 끝이 아니라
터닝 포인트다

달리기를 시작한 지 6개월 혹은 1년이 지나면 족저근막염처럼 러너들에게 찾아보는 질병이 또 하나 있다. 바로 '런태기'다. 일주일에 8번 달릴 정도로 하루라도 안 뛰면 허전했는데, 어느 순간 달리기 자체가 지겹고 귀찮아진다. 문제는 단순한 의욕 저하를 넘어 스스로를 탓하게 된다는 것. 자괴감까지 든다. "왜 이렇게 의욕이 없지?", "혹시 내 열정이 식어버린 걸까?" 마치 사랑했던 사람이 더 이상 설레지 않는 것처럼 달리기에 대한 애정이 사라진 나 자신이 문제인 것만 같다. 그래서 많은 러너가 이 고민을 나누며 묻는다. "런태기를 극복하려면 어떻게 해야 할까요?" 그럼 그냥 그 순간을 즐기라고 답한다.

심심해야 진짜 원하는 걸 알게 된다

대한민국에서 활동하는 이탈리아 출신 알베르토 몬디. 그는 아들 레오를 영재로 키운 교육법으로도 화제를 모은 인물이다. 우연히 그가 아들과 나눈 대화에서 큰 깨달음을 얻었다. 7살 레오는 18개월 된 여동생 아라가 다칠까봐 휴대폰을 보여줘서 시선을 돌리자는 아이디어를 냈다. 하지만 알베르토는 단호하게 말했다. "레오에게도 안 보여주는데, 아라한테 보여줄 수 있을까?" 레오는 울상을 지으며 말했다. "하지만 심심하면 어떡해?" 그때 알베르토가 한 말이 깊게 남았다.

"심심할 땐 그냥 아무것도 안 하면 돼.

심심할 때 '뭐 하지?' 생각하다가 결국 본인이 좋아하는 걸 찾게 되는 거야.

심심해져야 알 수 있어."

그 순간 마치 알베르토가 내게 직접 말하는 것 같았다. 나 역시 강제로 멈춰야 했던 시기, 비슷한 고민에 빠졌던 적이 있었으니까.

코로나 19로 모든 것이 무너졌을 때 내가 할 수 있는 거라곤 집 소파에 누워서 강연 취소 전화와 행사 무기한 연기 소식을 접하는 것밖에 없었다. 한 달 내내 강연과 행사 및 촬영 일정으로 빼곡했던 달력이 순식간에 텅 비었다. 마라톤 대회도 러너들이 모이는 행사도 모두 취소되었다. 달릴 수도 강연도 할 수 없는 사람이 되어버렸다. 아무것도 할 수 없는 무기력한 시간들. 갑자기 생겨버린 공백에 무엇을 시작해야 할지 도통 알 수 없었다. 마스크는 대란이 일어났고, 마스크 없이 길거리엔 나갈 수 없어 집 앞 러닝도 할 수 없었다. 달릴 수도 모일 수도 없는 현실 속에서 점점 나 자신을 잃어갔다.

설상가상으로 어깨 근육통이 시작되더니 곧 온몸으로 퍼졌다. 피곤해서 그런가? 욱신거릴 정도로 통증이 심해졌다. 그동안 못 잔 잠을 몰아 잘 정도로 충분히 잤는데도 몸은 더 무거워졌다. 어느 날 거울을 보니 등에 두드러기가 가득 퍼져 있었다. 결국 겁을 먹은 채 피부과를 찾았고, 어깨와 등 전체에 퍼진 두드러기를 보고 의사 선생님께서는 소견서를 작성해주셨다. 빨리 큰 병원으로 가보라고 덧붙였다. 어떤 병명인지도 모른 채 두려움을 안고 병원을 향하는 발걸음은 그렇게 무거울 수 없었다.

"대상포진이네요. 병원에 입원할 정도로 통증이 꽤 심할 텐데 괜찮아요?"

코로나19가 끝나기만을 기다릴 수 있는 상황은 아니었다. 통장 잔고는 0원을 찍은 지 3개월이 넘었고, 확진자 수는 줄어들 기미가 보이지 않았다. "뭐라도 해야겠다." 절박한 마음에 친구가 추천한 제빵학원에 등록했다. 최근에 제빵학원을 다니고 있는데 너무 재밌다며 언니도 꼭 다녀보라는 친구의 표정이 정말 행복해 보였다.

나도 학원에 등록하면 그 친구처럼 무료함과 권태감에서 벗어날 수 있지 않을까 하는 기대감이 생겼다. 내일배움카드로 신청해서 저렴한 비용으로 학원을 다닐 수 있었다. 사실은 뭐라도 해야 할 것

같이 도망친 단순한 도피였다. 하지만 나도 그 친구의 표정을 점점 닮아가기 시작했다. 반죽을 손에 쥐고 몰입하는 순간 따뜻하고 부드러운 촉감이 마음을 안정시켰다. 밀가루 반죽이 3시간 만에 향긋한 빵으로 변하는 과정을 지켜보면서, 발효 이스트가 살아 숨 쉬듯 다시 살아 있는 기분이 들었다.

어느새 빵 굽는 일이 나의 또 다른 직업이 되었다. 지금은 제빵사로서 4년째 빵을 만들고 있다. 불안정한 러닝 행사와 강연도 제빵사라는 또 다른 직업이 있기에 안정적인 마음으로 편안하게 달릴 수 있었다. 정성스럽게 만든 빵을 나누는 기쁨은 마라톤 피니시 라인에서 러너들과 하이파이브를 나누는 순간만큼이나 짜릿하다.

니체는 말했다. "일의 성공을 위해서는 권태가 필요하다." 권태가 왔다면 축하한다! 또 다른 나를 알아가고 제2의 인생이 눈앞에 왔다는 신호이다. 이걸 잘 알아차려야 한다. 스스로 권태에 빠졌다는 사실을 인식하고, 이를 외면하지 않은 채 끊임없이 '왜'라는 질문을 던져야 한다. 반복되는 일상이 주는 권태는 단순한 무료함이 아니라 의식의 변화를 일으키는 신호다. 권태는 부정적인 감정이 아니다. 권태는 정체가 아니라 변화를 위한 전환점이다. 자기 삶의 진정한 목표를 찾아 나아갈 기회를 제공한다. 익숙한 과거에 머무르기보다 낯선 환경에 자신을 내던질 때 비로소 새로운 가능성이 보인다.

알베르토의 말처럼 권태를 극복하는 과정에서 본인이 좋아하는 걸 찾게 된다. 자신을 극복한다는 것은 어쩌면 진정으로 나답게 사는 게 아닐까. 그것이야말로 진정한 자기 자신을 찾아가는 여정이다. 그러기 위해서는 어떻게 인생을 살 것인지 스스로 결정해야 진정한 행복을 찾을 수 있다. 모든 문제의 해답은 외부가 아니라 내 안에 있다.

스스로에게 질문을 던져라

'나는 어떤 사람인가?', '나는 무엇을 원하는가?' 자신의 온전한 모습을 찾으려면 내면의 목소리에 귀를 기울이고 스스로를 깊이 탐색해야 한다. 인생의 깊이와 너비는 단순히 얼마나 높은 곳에 도달했느냐가 아니라 얼마나 자신을 제대로 이해하고 받아들였느냐에 달려 있다.

자기 자신을 하나의 고정된 틀에 가두지 말자. 우리는 다양한 모습의 나를 품을 때 비로소 진정한 자아에 가까워진다. 그 과정에서 마음이 가리키는 방향을 따르는 것이 중요하다. 삶은 결코 단순한 직선이 아니다. 마치 발바닥 아치처럼 상승과 하강을 반복하며 균형을 찾아가는 과정이다. 원하는 삶과 현실 사이의 괴리가 불안을 가져올 수도 있다. 하지만 그 불안을 직시하고 마음의 문을 열어 시야를 넓힐 때 자신의 본모습을 발견하고 한층 더 단단해질 수 있다.

진정한 행복을 원한다면, 먼저 자신이 원하는 삶이 무엇인지 명확히 해야 한다. 그리고 그 방향으로 한 걸음씩 나아가야 한다. 현실에 안주하는 삶에서 벗어날 때 비로소 세상을 움직이는 힘을 얻게 된다. 중요한 것은 한 번의 질문으로 끝나는 것이 아니라 순간순간 스스로에게 묻는 것이다. '나는 어떤 존재인가?' 어제의 나와 오늘의 나는 다르며, 10년 전의 나와 지금의 나 역시 결코 같지 않다. 지금의 나는 앞으로 어떤 모습으로 기억되고 싶은가? 그 질문의 답을 찾는 과정이 곧 나를 성장시키는 길이 될 것이다.

그렇다면 스스로 어떻게 질문해야 할까? 구체적이고 현실적으로 물어야 한다.

1. "나는 언제 가장 행복한가?", "지금 내 삶에서 가장 흥미를 끄는 것은 무엇인가?"

매일 반복되는 일상이 지루하다면, '지금 직장에서 가장 즐거웠던 순간은 언제였는가?' 또는 '내가 더 도전하고 싶은 새로운 분야는 무엇인가?'라고 구체적으로 생각해볼 수 있다.

2. "내가 가장 소중하게 생각하는 가치는 무엇인가?", "그 가치를 지키며 살고 있는가?"

대기업이 모두에게 좋은 직장일까? 한적한 농촌에서의 삶은 어떠한가? 어떤 사람은 안정적인 삶을, 어떤 사람은 자유로운 삶을 원한다. 누구는 관계를 중요시 여기며, 또한 누구는 성장을 우선순위로 생각한다. 우리는 종종 사회적 기준에 맞추어 살다 보니 자신이 진짜 원하는 가치를 놓치곤 한다. 내가 진정으로 창의적인 일을 하고 싶은 사람이라면, 단순히 돈을 많이 버는 직업을 선택하는 것이 맞을까? 원점으로 돌아가는 나의 가치에 대해서 자문해보자.

3. "내가 가장 몰입했던 순간은 언제인가?", "밤이 새도록 즐거웠던 경험은 뭐지?"

몰입은 가장 즐거웠던 순간을 보여주는 단서다. 시간 가는 줄 모르고 빠져든 경험이 있는가? 그때 무엇을 하고 있었는지 떠올려보자. 과거에 열정을 가지고 했던 일이 있다면, 다시 시작해볼 방법은 없을까? 어릴 때 글쓰기를 좋아했지만 지금은 전혀 관련 없는 일을 하고 있다면, 지금 하고 있는 일에 대해서 글을 써보는 것도 하나의 길이다.

4. "만약 10년 후의 내가 오늘의 나를 본다면?", "후회 없이 살려면 지금 무엇을 해야 할까?"

만약 오늘이 내 인생의 마지막 날이라면, 나는 지금 이 순간을 후회하지 않을 수 있을까? 지금의 나를 10년 후의 내가 보았을 때, 어떤 기분이 들까? 이 질문을 통해 현재의 선택이 미래에 어떤 영향을 미칠지를 고민해보자. 항상 도전하고 싶었던 일이 있지만 망설이고 있었다면, '만약 시도하지 않는다면 10년 후 어떤 기분일까?'라고 물어볼 수 있다.

권태는 끝이 아니라 터닝 포인트다

런태기든, 일에서 오는 권태든, 그 감정을 견디려고만 하지 말자. 중요한 것은 권태를 그냥 견디는 것이 아니라, 오히려 그 감정을 이용해 나 자신을 탐구하는 기회로 삼아야 한다. 때로는 멈춤이 필요하다. 러너가 더 멀리 달리기 위해 속도를 조절하듯, 인생도 쉼표가 있어야 끝까지 달릴 수 있다. 진짜 원하는 것이 무엇인지 모른다면, 지금은 어쩌면 심심함을 즐길 때인지도 모른다. 스스로에게 질문을 던지고, 그 답을 찾다 보면 결국 원하는 삶의 방향을 찾아갈 수 있다. 길을 잃었다고 느꼈을 때가 바로 익숙한 상황에 작별을 고할 때다. 그때에 맞추어 우리 자신도 변화해야 한다. 그때가 비로소 인생의 터닝 포인트, 러닝 포인트를 만나게 될 것이다. 질문을 던져보자. 그 답을 찾는 과정이 곧 나만의 길을 발견하는 시작점이 될 것이다.

나를 돌보는 것은
삶을 돌보는 것이다

10년 차 러너로서 내가 가장 자부하는 것은 '부상 없는 러닝'이다. 첫 번째 풀코스 마라톤을 제외하고, 지금까지 13번의 풀코스 마라톤, 100km 트레일러닝, 철인 3종 경기를 완주하면서도 큰 부상 없이 달려왔다. 풀코스를 완주한 다음 날에도 5km 회복 런을 할 수 있었고, 출산 후에도 빠르게 회복할 수 있었다. 잘 달린다는 것은 빠르게 달리는 것이 아니다. 부상 없이, 건강하게, 즐겁게 달릴 수 있는 것이야말로 진짜 실력이다. 그것이야말로 노후 생활을 지탱해 줄 강력한 친구라고 믿는다.

리닝을 하면서 '내 몸이 보내는 신호'를 더 잘 이해하게 되었다. 예전에는 의욕만 앞서 무리하게 달리곤 했지만, 이제는 내 몸의 소리에 귀 기울인다. 지금 당장은 뒤처지는 것 같아도, 그것이 멀리 달릴 수 있는 방법이고, 오래 달릴 수 있는 비결이었다. 이 과정에서 단순히 러닝 실력만 향상된 것이 아니라 내 몸과 마음이 무엇을 좋아하고, 무엇이 나를 힘들게 하는지 알게 되었다. 밤을 새워도 즐거운 일이 있는가 하면, 조금만 해도 지루한 일도 있다. 어떤 활동은 내 몸을 가볍게 만들고, 어떤 것은 무의미하게 피로하게 한다. 몸과 마음을 잘 돌보는 것은 단순한 사치가 아니라 더 건강한 삶을 위한 필수 조건임을 깨달았다.

몸과 마음을 지키는 작은 습관들

우리는 종종 다른 사람을 챙기느라 정작 나 자신을 돌보지 못할 때가 많다. 하지만 몸과 마음이 건강해야 원하는 삶을 살 수 있고, 어려운 순간을 버틸 힘도 생긴다. "내 몸과 마음을 잘 돌보고 있는가?" 이 질문에 자신 있게 "그렇다"고 답할 수 있는가? 만약 그렇지 않다면, 지금부터라도 나를 돌보는 작은 습관을 만들어보자.

신체 건강, 몸을 돌보는 작은 실천들

20대에는 체력에 한계가 없을 줄 알았다. 밤새 놀아도 다음 날 멀쩡했고, 아무리 많이 먹어도 소화가 잘됐다. 하지만 30대가 되고 나서야 깨달았다. 체력이 있어야 일도, 공부도, 심지어 여행도 제대로 즐길 수 있다는 것을. 그리고 출산 후 더 절실하게 느꼈다. 아침에 일어나는 것이 힘들어지고, 하루 종일 몸이 천근만근 무거웠다. 하루 푹 쉬어도 나아지지 않았다.

그런데 다시 운동을 시작하니 하루가 조금씩 가벼워졌다. 영양제를 아무리 챙겨 먹어도 큰 효과를 보지 못했지만, 몸을 움직이면 마음도 따라 움직였다. 우울하거나 스트레스가 쌓일 때 단 10분이라도 가볍게 걷거나 뛰어보자. 꼭 달리기가 아니어도 좋다. 산책, 요가, 스트레칭, 자전거 타기 등 자신에게 맞는 운동을 찾자. 운동이 감정을 다스리는 최고의 도구임을 기억하자. 헬스장에서 이런 문구를 본 적이 있다. "네가 들어 올리는 덤벨의 무게만큼, 인생의 무게도 들어 올릴 수 있다." 운동을 통해 우리는 단순히 체력을 기르는 것이 아니라 삶을 버틸 힘을 기르고 있는 것이다.

좋은 수면 습관 만들기

수면 부족은 신체뿐만 아니라 정신 건강에도 치명적이다. 하루라도 잠을 제대로 자지 못하면 뇌가 피곤해지고, 사소한 일에도 감정이 예민해진다. 수면의 질을 높이는 방법은 다음과 같다. 일정한 시간에 자고, 일정한 시간에 일어나기. 자기 전 스마트폰을 멀리하고, 따뜻한 차 한 잔으로 몸을 이완하기. 운동을 통해 건강한 피로를 만들어 깊은 수면 유도하기. 운동을 하면 신체에 적절한 피곤함이 쌓여 불면증을 줄이고 숙면을 돕는다. 결국 잘 자는 것만으로도 삶의 질이 달라진다.

나를 위한 건강한 경계 만들기

많은 사람이 '해야 할 일'이 너무 많아 혼자만의 시간을 갖지 못한다고 말한다. 하지만 건강한 삶을 위해서는 'No'라고 말하는 것도 필요하다. 자신을 지키는 경계를 만들자. 필요 없는 모임이나 약속은 정중하게 거절하고, "바빠서 못 가요"가 아니라 "나를 위한 시간이라서 안 가요"라고 말해보자. 예의 없는 사람처럼 보이면 어쩌나 싶지만 나의 시간을 소중히 여기는 사람은 다른 사람의 시간도 소중히 여길 거라는 생각에 당신에 대한 평가는 더 좋아질 것이다. 남의 시선을 신경 쓰지 말고 스스로의 시간을 존중하자.

정신적 건강, 마음을 돌보는 작은 실천들

스트레스가 쌓이고 부정적인 감정이 몰려올 때 늘 달리기를 했다. 달리기는 나 자신과 대화하는 시간을 만들어주었고, 내면의 목소리를 듣고 스스로를 믿는 법을 가르쳐주었다. "이 문제를 어떻게 해결해야 할까?" 어떤 날은 고민을 정리하기 위해 뛰었고, 어떤 날은 아무 생각도 하지 않기 위해 뛰었다. 신기하게도 달리기를 마치고 나면 해결책이 보이거나 그 문제가 더 이상 중요하지 않게 느껴졌다. 흔히 달리기를 단순한 육체적 운동으로 생각하지만, 사실 달리기는 가장 사색적인 운동이다. 그래서 나는 달리기를 '동적 명상'이라고 부른다. 몸을 움직이지 않아야 명상이라고 생각하지만, 운동은 의외로 복잡한 감정을 자연스럽게 정리하는 과정이 되어준다.

특히 리듬감 있는 움직임을 지속하면 '몰입 상태(Flow)'에 들어가면서 불안한 감정이 사라지고, 오롯이 '지금 이 순간'에 집중할 수 있다. 그 순간 비로소 나 자신을 알아차리게 된다.

나를 사랑하는 첫걸음: 나 자신과 대화하기

나 자신을 돌보려면 무엇보다 스스로 대화하는 시간이 필요하다. 끊임없이 질문하고 솔직한 답을 구해야 한다. 하루에 한 번 나에게 이렇게 물어보는 것이다. "오늘 하루는 어땠어?", "요즘 가장 힘든 일은 뭐야?", "내가 지금 가장 원하는 것은 뭘까?" 속도를 조금 늦추고 내 몸과 마음의 소리에 귀 기울이면, 나도 몰랐던 감정이 드러난다. 우리 몸은 늘 신호를 보내고 있지만, 바쁘게 살아가다 보면 그것을 놓치곤 한다. 하지만 생각이 꼬리를 물 때 몸을 움직이며 '지금 이 순간'으로 돌아오면 자연스럽게 내면의 소리를 들을 수 있다.

이건 나만의 경험이 아니다. 달리기를 통해 새 삶을 얻었다는 사람들을 많이 만났다. "달리기를 하면서 육아하는 아빠로서 자신감을 얻었어요.", "그동안 망설이기만 했던 새로운 도전에 용기를 가질 수 있었어요." 달리기를 하면 체력이 좋아지고, 몸이 건강해지고, 혈색이 좋아지는 것은 사실 별책부록에 불과하다. 달리기의 진짜 목표는 세상을 바라보는 시각을 바꾸는 것이다.

나 자신과 대화하고 싶다면, 달려보자

혼자 조용히 앉아 나 자신과 깊이 대화하는 시간은 쉽게 확보하기 어렵다. 하지만 달리기를 하는 순간 머릿속을 복잡하게 만드는 생각들이 사라지고 오직 움직임에 집중할 수 있다. 호흡을 들이마시고 내쉬는 것, 팔을 흔들고 다리를 내딛는 것, 그리고 한 걸음 한 걸음에만 집중하는 것. 달리기를 할 때 이러한 것들 외에 할 수 있는 것은 없다. 이렇게 반복되는 리듬 속에서 우리는 점점 생각이 정리되고 자신과의 대화가 가능해진다. 지금까지 큰 부상 없이 달려올 수 있었던 이유가 내 몸의 소리를 잘 들어주었기 때문이라고 생각한다. 어제와 다른 미세한 변화, 갑자기 올라오는 작은 감정들. 그런 것들을 바람처럼 흘려보내지 않고 귀 기울여 들었다. 내 몸이 보내는 신호에 공감하고, 필요하면 조절하면서 나를 돌보았다. 스스로의 감정을 알아차리고 그것을 존중하는 것, 그게 바로 나를 지키는 첫걸음이다.

나를 돌보는 것은 삶을 돌보는 것이다. 우리는 일을 잘하기 위해서, 가족을 돌보기 위해서, 무엇보다 나 자신을 지키기 위해서 건강해야 한다. 몸과 마음을 돌보는 작은 습관들이 쌓이면, 더 나은 삶을 살아갈 힘이 생긴다. 오늘부터 단 10분이라도 나를 위해 투자해보자. 작은 변화가 쌓이면, 당신의 삶은 더욱 단단하고 균형 잡힌 모습이 될 것이다.

나만의 시간을 확보하는 방법

"아침부터 출근 준비에 정신없고, 퇴근 후에는 집안일과 육아로 하루가 끝나요." "일하느라 바빠서 나를 위한 시간을 가질 틈이 없어요."

많은 사람이 이렇게 말한다. 하지만 정말 시간이 없을까? 놀랍게도 하루 24시간이 모자라서 운동을 못하는 것이 아니다. 시간은 부족한 것이 아니라 확보하지 않기 때문에 없는 것처럼 보이는 것뿐이다. 운동을 꾸준히 하는 사람들도 바쁘다. 하지만 그들은 시간이 남아서 운동하는 것이 아니라 시간을 '만들어서' 한다. 해야 한다는 생각만으로는 절대 습관이 되지 않는다. 결국 운동을 포함해 나를 위한 시간을 가지려면 의식적으로 시간을 확보하는 것이 핵심이다.

하루 30분, 나만의 시간을 만드는 방법

혼자만의 시간은 단순한 휴식이 아니다. 삶의 균형을 맞추고 내면을 돌보며 번아웃을 예방하는 필수 요소다. 운동뿐만 아니라, 책을 읽거나, 명상을 하거나, 내가 좋아하는 일을 하기 위해선 의식적으로 시간을 확보해야 한다. 시간을 확보하는 방법은 어렵지 않다. 단지 우선순위를 바꾸면 된다.

스스로를 위한 시간을 예약하라

바쁜 업무 일정, 회의, 가족 일정은 꼼꼼하게 기록하면서도 정작 나만을 위한 시간은 기록하지 않는다. 운동할 시간을 일정에 '예약'하라.

첫 번째, 캘린더에 나만의 시간을 적는다. '출근 전 30분 러닝', '점심시간 20분 산책', '퇴근 후 30분 스트레칭'과 같이 명확하게 기록한다.

두 번째, 알람을 설정한다. 시간이 되면 자동으로 실행할 수 있도록 알람을 설정해보자.

세 번째, 나와의 약속을 깨지 않는다. 타인과의 약속은 불같이 지키지만 정작 나와의 약속은 깨버리기 쉽다. 약속이 생기면 나만의 시간을 취소하기보다는 다시 시간을 조정해서라도 꼭 실행하자. 나는 직장 생활을 하면서 운동할 시간이 부족할 때 아침 30분을 활용해 달리기를 했다. 하루를 시작하자마자 자신을 위한 시간을 가질 때의 상쾌함과 충만함은 어떤 보상보다 컸다.

아침을 활용하라: 일찍 일어나는 사람은 시간을 얻는다

"아침형 인간이 아니에요." 그렇다면 지금부터라도 아침형 인간이 되어보자. 아침은 하루 중 가장 방해받지 않는 시간이며, 하루를 온전히 나만의 것으로 시작할 수 있는 시간이다. 갑자기 잡히는 회식도 없고, 어쩔 수 없이 해야 하는 야근도 없는 온전한 나만의 시간이다.

첫 번째, 출근 전 30분을 확보한다. 30분만 일찍 일어나보자. 그 시간에 운동을 하든, 책을 읽든, 명상을 하든, 하고 싶은 것을 하면 된다.

두 번째, 처음에는 단 10분만 일찍 시작해도 좋다. 한 번에 1시간을 확보하려고 하면 실패하기 마련이다. 10분씩 점진적으로 늘려가면 자연스럽게 익숙해진다.

세 번째, 아침을 내가 원하는 방식으로 시작한다. SNS를 보며 시간을 흘려보내지 말고, 스트레칭, 러닝, 명상, 독서 같은 나만의 루틴을 만들어보자.

개그우먼 장도연은 아침 시간을 적극적으로 활용한다. 하루를 더 알차게 보내기 위해 30~40분 일찍 일어나 사이클을 타고, 일기와 독서를 추가하며 자신의 루틴을 만들어갔다. 10분씩 추가하다보니 반신욕까지 가능했다고 한다. 시간이 없다고 말하는 대신 시간을 만들어낸 것이다.

시간을 쪼개서 활용하라: 30분이 아니어도 괜찮다

완벽한 30분이 필요하다는 생각을 버리자. 짧은 시간도 쌓이면 큰 효과를 낸다.

첫 번째, 출퇴근 시간을 활용하자. 지하철에서 서서 가는 동안, 계단을 이용하는 동안, 혹은 한 정거장 먼저 내려 걷는 것만으로도 몸을 움직일 수 있다.

두 번째, 틈새 시간을 활용하자. 5분, 10분이 모여 30분이 된다. 스트레칭 5분, 점심시간 산책 10분, 퇴근 후 계단 오르기 10분만 해도 하루 30분이 확보된다.

세 번째, 운동을 생활 속에 녹여라. 엘리베이터 대신 계단 이용, 자동차 대신 도보 이동 등 운동을 별도로 하는 것이 아니라 일상 속에 자연스럽게 포함시키는 것이다. 나는 사무실이 23층이었다. 점심시간이 끝나면 엘리베이터 대신 계단을 이용했다. 처음에는 5층도 힘들었지만, 하루하루 한 층씩 늘리면서 한 달 뒤에는 23층도 거뜬히 오를 수 있게 되었다.

'무엇'을 할지 정해라: 고민하는 시간이 낭비다

운동을 하기로 해놓고도 정작 "뭘 하지?" 고민하다 시간이 지나가는 경우가 많다. 미리 정해두면 고민하는 시간을 줄이고 바로 실행할 수 있다. 월요일은 요가, 화요일은 러닝, 수요일은 근력 운동. 이렇게 루틴을 정해볼 수 있다. 그리고 유산소, 근력운동, 스트레칭 등 빠르게 선택할 수 있도록 목록을 만들어둔다. 마지막으로 운동복을 미리 준비해 두는 것도 방법이다. 운동할 시간이 왔을 때 바로 시작할 수 있도록 말이다. 어떤 사람은 주말 아침에 운동하기 귀찮아질까봐 잠들기 전에 러닝복으로 갈아입고 잠든다고 한다.

시간이 없는 게 아니라 우선순위에서 밀려나 있기에 없는 것처럼 보이는 것뿐이다. 《성공하는 사람들의 7가지 습관》 저자 스티브 코비는 말한다. "시간이 없는 것이 아니라 우선순위가 없을 뿐이다." 바쁘다는 이유로 운동, 자기계발, 관계를 소홀히 한다면, 그것은 시간이 부족한 것이 아니라 삶의 우선순위를 제대로 설정하지 않은 것이다. 시간은 '남는 것'이 아니라, '만드는 것'이다.

바쁜 하루 속에서도 나를 위한 시간을 확보해야 더 건강하고 균형 잡힌 삶을 살 수 있다. 오늘부터 "운동할 시간이 없어요"라는 말을 버리고, "나는 시간을 만들었다!"라고 말해보자. 당신의 하루에서 30분의 변화가 10년 후 당신을 바꿀 것이다. 당신의 우선순위에는 어떤 수정이 필요한가?

진심을 다한 레이스에
꼴등은 없다

모래바람이 얼굴을 때린다. 발바닥이 타들어가는 듯한 열기 속에서 한 걸음 내딛을 때마다 사막의 모래가 신발 속으로 파고든다. 숨을 들이마시면 목이 바짝 마르고 물 한 모금이 간절해진다. 머리 위 태양은 거침없고, 끝없이 펼쳐진 사막은 마치 "넌 여기서 못 빠져나가"라고 조용히 속삭이는 듯하다. 편의점도 숙소로 돌아갈 버스 정거장도 없다. 오직 자연과 나, 그리고 앞으로 남은 250km의 고비사막 마라톤만이 존재할 뿐. 나는 고비사막 한가운데를 달리고 있다.

이 대회는 단순한 마라톤이 아니다. 꿈의 무대였다. 이 날을 위해 1년을 준비했다. 체력도, 대회 참가비도, 필수 준비물을 꾸리는 데만 1년이 걸렸다. 4 Deserts Ultramarathon Series 중 하나인 고비 마치(Gobi March), 총 250km, 7일간의 사막 횡단이다. '완전 자급자족'이라는 말 그대로 참가자는 물을 제외한 모든 식량과 장비를 직접 짊어지고 달려야 한다. 잠은 텐트에서 자기에 침낭과 접이식 매트도 필수다. 배낭 속 생리대 한 장, 포도당 캔디 한 개의 무게까지 신경 써야 하는 경기. 낮에는 40도가 넘는 불지옥이지만, 밤이 되면 영하로 떨어지는 극한의 환경이었다. 나는 이 대회에서 살아남기 위해 빠르게 달렸다. 레이스가 길어질수록 피로도는 누적되기에 빠르게 달려서 베이스캠프에 도착해 내일의 레이스를 준비하는 것이 나의 철저한 계획이었다.

첫 날, 40km를 달려야 하는 일정이지만 자신만만했다. 깨끗한 신발과 상쾌한 기분, 다리는 힘이 넘쳤다. 내리막도 오르막도 속도를 줄이지 않고 주저 없이 달렸다. 스스로 잘하고 있다고 여러 번 칭찬하며 20대 여자 1위로 베이스캠프에 도착했다. '이렇게 6일만 더 달리면 20대 여자 1위로 금의환양도 가능하겠구나!'라는 생각에 어떤 소감을 말할지 행복한 고민에 빠졌다. 그러나 이 대회에서 '빠름'은 승리와 동의어가 아니었다. 이른 시간에 베이스캠프에 도착한 덕분에 이른 저녁 식사도 마치고 개인 정비도 일찍이 마무리했다. 저녁 6시가 되기 15분 전 피니시 라인에서 경쾌한 종소리가 울렸다. 나도 모르게 소리가 난 방향으로 시선을 돌렸는데 스텝이 외쳤다.

"The last runner is comming!!"

총 100명의 참가자 중 100등의 선수였다. 실눈을 뜨고 저 멀리서 점점 가까워지는 형체를 보니 아침 출발선에서 본 50대 여성 참가자였다. 총성이 울리자마자 모두가 달려나갔던 그 스타트라인에서 유일하게 유유히 걸어가던 참가자였다. 늦은 시간이었지만 그녀는 천천히, 그러나 꾸준히 자신의 걸음을 내딛고 있었다. '걸으니 지금 시간이 돼서야 도착하는 구나', '늦은 시간인데 피곤하시겠네'라고 생각하며 김이 모락모락 나는 따뜻한 커피 한 잔에 다시 시선을 돌렸다.

그리고 이내 깜짝 놀랐다. 시선을 다시 피니시 라인으로 향할 수밖에 없었다. 나를 제외한 98명의 참가자가 일제히 마지막 참가자를 응원하기 위해 피니시 라인으로 달려나간 것이다. 먹던 도시락을 들고 뛰어나간 사람도 있었고, 맨발로 뛰쳐 나간 이도 있었다. 얼떨결에 나도 따라 그녀를 응원하기 위해 슬리퍼를 고쳐 신고 피니시 라인으로 향했다. 박수를 치고, 환호성을 지르고, 북을 치는 모습이 한데 얽히면서 단숨에 축제 분위기가 만들어졌다.

굉장히 낯선 경험이었다. 그리고 묻지 않을 수 없었다. 분명 꼴등인데 이렇게나 많은 환호와 응원을 받고 있다니? 심지어 1등보다 더 큰 박수를 받고 있다. 이 대회에서는 1등보다 완주하는 것이 더 중요했다. 7일간의 레이스 중 첫 날이었다. 우리는 서로의 이름도 국적도 나이도 대회에 참가하게 된 이유도 전혀 몰랐다. 유일하게 알고 있는 건 40km를 달리면서 봐온 사막의 풍경과 고통스럽게 인내했던 시간들이었다.

    나는 여전히 경쟁 속에 있었다. 어제의 나를 이기는 것보다 앞에 뛰어가는 친구를 이기는 것에 더 집중했다. 비슷해 보였던 경쟁자가 나보다 더 높은 단상에 올랐을 때 진심을 다해 박수를 보내지 못했다. 늘 경쟁했고, 순위를 의식했고, 인생은 1등과 2등, 3등으로만 나눠져 있다고 생각했다. 그 순위권 안에 반드시 들어 메달의 색깔을 바꾸기 위해 부단히 노력했다. 학교에서도, 직장에서도, 인생에서도 늘 그래야 한다고 배웠다. 당연하게 생각했다. 고등학생 때 높은 등급을 받아야만 좋은 대학교에 들어갔고, 좋은 대학교에 들어가서도 좋은 학점을 받아야지 좋은 회사에 들어갈 수 있었다. 거기서 끝인가? 좋은 회사에서도 좋은 평가를 받아야지만 승진하고 연봉도 오를 수 있다. 끝없는 타인과의 경쟁이었다.

중요한 것은 버티는 것이다

    이 대회는 살아남으려면 빠르게 달리는 것이 중요한 게 아니었다. 버티는 것이 포인트였다. 그 사실을 깨닫기까지 딱 3일이 걸렸다. 가장 소중한 장비인 러닝화를 소중히 다루지 못한 탓도 있었다. 밤새 내린 비에 젖은 신발을 말리느라 모닥불 가까이에 신발을 둔 것이 사단이었다. 오른쪽 신발의 뒤쪽 쿠션이 불에 타버려 쿠션과 균형이 모두 망가신 신발을 신고 나머지 170km를 달려야 했다. 발에는 물집이 터지고, 돌바닥과 산길을 달릴 때 충격을 흡수해 줄 쿠션이 없다보니 발목은 점점 부어만 갔다. 야속하게도 속도는 계속 느려지고, 아무리 허리끈을 조여도 배낭은 점점 더 무거워졌다. 배고픔과 갈증, 끝없는 외로움이 몰려왔다.

한 명, 한 명 자리를 내주다가 결국 처음부터 끝까지 걸어서 완주하는 50대 여성 참가자의 뒷모습마저 보게 되었다. 그녀는 꾸준히 걷고 있었고, 나는 뛰고 있었다. 모든 힘을 쥐어 짜며 달려보지만 기껏해야 100m 남짓. 100m를 달리고 걷고, 달리고 걷고를 반복하다보니 걷고 있는 그녀와 달리고 있는 나의 속도는 비슷했다. 심지어 들판의 이름 모를 예쁜 꽃이 있으면 향기도 맡고, 솔솔 바람 부는 언덕이 나타나면 한가롭게 도시락을 까먹는 그녀의 행복한 여행을 모두 목격하게 되었다. 처음으로 '이 여정 자체를 즐기는 것'이 무엇인지 보게 되었다.

1등과 2등, 3등이 승자가 아니었다. 승리는 그 레이스에 얼마나 진심을 다했는지 마음가짐에서 결정되었다. 자신이 현재 어떤 상태에 있는지 알고, 스스로를 위해 최선을 다해 순간을 즐기는 것. 그것이 진정한 승리였다. 실행하는 사람과 실행하지 않는 사람으로 인생이 나뉘고 있었다. 실행하는 사람 안에서도 포기하는 사람과 포기하지 않는 사람으로 나뉘고 있었다. 누가 봐도 행복한 모습으로 걸어가는 50대 승자를 보면서 이 진리를 깨달았다.

이 대회는 단순한 달리기가 아니었다. 나 자신을 돌아보며 타인으로 향하는 시선이 아니라 얼마나 나에게로 시선을 돌릴 수 있는

지 스스로를 시험하는 과정이었다. 나의 실력을 아는 것. 나의 현재 상태를 아는 것. 부족하더라도 일단 실행하고, 그 안에서 포기하지 않는 것이 내 삶을 조금이라도 더 나아지게 하는 방법이었다. 그것이 내가 오늘보다 더 훌륭한 사람이 되기 위해 또 행복한 사람이 되기 위해 지금 당장 할 수 있는 일이었다.

1등으로 달렸던 나는 마지막 날 꼴등으로 피니시 라인을 넘었다. 그래도 좋았다. 250km의 긴 인생 마라톤을 끝마치고 세상에서 가장 묵직한 메달을 목에 건네받았다. 메달 색은 없었다. 1등이든, 꼴등이든, 모든 참가자의 메달은 똑같은 색깔이었다. 경쟁자는 내 앞을 달리는 사람이 아니었다. 오직 나 자신 뿐이었다. 1등과 2등, 3등이 중요하지 않은 유일한 스포츠 경기. 나는 그것이 마라톤이라고 생각한다. 마음의 자세. 결코 포기하지 않겠다는 마라톤 정신이 완주자와 완주하지 못한 자로 나눌 뿐이다.

마라톤이 나에게 가르쳐준 것은 단 하나.
끝까지 나아가는 것, 그리고 끝까지 나를 믿는 것.
결국 마라톤 대회에서 선수는 단 한 명이었다.
그리고 그 레이스의 주인공은 오직 나 자신뿐이었다.

무게중심은 '나'에게 있어야 한다

첫 야외 달리기의 순간은 아직도 생생하다. 모자를 눈썹 가까이까지 눌러쓰고 심호흡을 크게 들이마셨다. '별 거 아니야. 그냥 뛰기만 하면 돼.' 그런데 막상 하천 길에 나서니 상황은 달랐다. 왠지 모르게 모든 시선이 나를 향하는 것 같았다. 심지어 하천을 유유히 떠다니는 오리 가족조차 나를 비웃는 듯한 기분이 들었다. 지나가는 사람들이 힐끔힐끔 쳐다보는 것 같았고, 등 뒤에서 누군가 수군거리는 것만 같았다. '쟤 뭐야? 처음 뛰어보나 봐?' 상상 속에서 만들어진 그들의 대화가 내 심장소리보다 더 크게 귀에 들려왔다.

'어머, 옷 입은 꼴 좀 봐! 운동화는 왜 저래?'

지나가는 러너들은 마치 광고 속 모델처럼 가볍고 멋지게 뛰고 있었지만, 그들 사이에서 나는 낡은 운동화에 헐렁한 트레이닝복을 입은 어설픈 초짜처럼 느껴졌다. 달리면서도 주차된 차 유리에 비친 내 모습을 슬쩍 보고 움찔했다. '내 자세 왜 저래…?'

허리가 잔뜩 숙여진 채 헉헉대며 뛰고 있는 내 모습이 우스꽝스럽게만 보였다. 이대로는 안 되겠다. 주위를 두리번거리다 사람이 없는 골목으로 방향을 틀었다. 심장이 쿵쾅대는 건 운동 때문인지, 부끄러움 때문인지 알 수 없었다.

'사람들이 나만 쳐다보는 것 같아!'

무게중심이 달리기를, 인생을 결정한다

몇 년이 지나 달리는 사람들과 이야기를 나누면서 알게 됐다. 나만 그런 게 아니었다.

"첫 달리기는 어색하고 우스꽝스럽게 보일까봐 걱정했다."

의외로 많은 러너가 같은 경험을 했다는 걸 알고 안도했다. 잘 달리는 사람들을 보면 알 수 있다. "그들은 폼부터 다르다" 단순히 속도가 빠른 게 아니다. 자세가 안정적이고 흐름이 끊기지 않는다. 힘을 최소한으로 쓰면서도 꾸준히 앞으로 나아간다. 그 차이를 만드는 것은 바로 '무게중심'이다. 달리기의 기본은 무게중심을 잡는 것에서 시작된다. 몸이 너무 뒤로 쏠리면 불필요한 힘이 과도하게 들어가고, 앞으로 쏠리면 균형을 잃고 페이스가 무너진다. 가장 이상적인 자세는 무게중심을 살짝 앞쪽에 두고 자연스럽게 밀려 나가듯 달리는 것. 이렇게 해야 체력 소모를 줄이고 오랫동안 페이스를 유지할 수 있다. 그렇다면 인생에서는 어떨까?

우리의 삶도 결국 무게중심을 어디에 두느냐에 따라 흔들리기도 하고, 앞으로 나아가기도 한다. 만약 그 중심이 타인에게 있다면, 우리는 쉽게 흔들리고, 방향을 잃어버린다. 더 이상 달리기를 이어가지 못하고 사람이 없는 골목길로 숨어버렸던 그날의 나처럼 말이다. 'NO'라고 말하는 것이 세상에서 제일 어려웠다. 성인이 되면 쉬울 줄 알았다. 하지만 더 어려웠다. 과거의 나는 누군가 부탁하면 거절하지 못했다. 친구가 과제를 보여달라고 하면, 이틀 밤을 새워가며 만든 과제라도 "싫어" 한마디를 하지 못해 내줬다. 그리고 결국 친구도, 나도 같은 과제점수 0점을 받았다. 너 때문에 0점을 받았다는 말도 못했다.

무엇이 그렇게 두려웠을까? 왜 나는 나 자신에게 0점이 되어도 타인이게는 100점이고 싶었을까? 왜 타인의 기대를 저버리는 것을 두려워했을까? 인생의 무게중심이 흔들릴 수 있는 이유는 다양하다. 크게 네 가지로 나눌 수 있다.

1. 남들의 시선에 중심을 두는 삶 – "사람들이 나를 어떻게 볼까?"

우리는 흔히 남들의 시선을 의식하며 살아간다. 친구들은 바쁜 와중에 운동하며 자기 관리도 하고, 사원증을 절대 벗지 않는 멋진 직장을 다니고, 일 년에 두 번씩 해외 여행도 다니면서 인생을 즐기는 것처럼 보인다. 그리고 문득 이런 생각이 든다. "나는 뭐 하고 있지?" 남들의 기준에 맞춰 살아가면, 마라톤에서 다른 사람의 페이스에 맞춰 뛰는 것과 같다. 자신의 리듬이 아닌, 타인의 속도에 맞추다 보면 결국 페이스가 무너진다. 남들보다 더 빨리 가야 할 것 같고, 뒤처지면 안 될 것 같아서 점점 무리하게 된다. 오버페이스다. 하지만 우리가 정말 기억해야 할 것은, 마라톤에는 '완주'라는 목표가 있을 뿐, 누구보다 빨리 가야 한다는 목표는 없다. 빠르게 달려도, 느리게 달려도 피니시 라인은 똑같다. 중요한 것은 남들의 시선이 아니라 내가 내 목표를 향해 제대로 나아가고 있는가이다. 인생도 마찬가지다. 타인의 기대와 시선에 무게중심을 두고 달리면, 결국 우리는 우리 자신의 목표가 아닌 남이 원하는 길을 가게 된다. 나에게 질문을 해보자. 나는 지금 내가 원하는 길을 가고 있는가? 아니면 남들이 인정해줄 것 같은 길을 가고 있는가?

2. 사회적 기준에 중심을 두는 삶 – "이 길이 맞는 걸까?"

"좋은 대학을 가야 좋은 직장을 가고, 좋은 직장을 가야 안정적인 삶을 살 수 있다." 어릴 때부터 들어온 이 공식은 마치 마라톤에서 42.195km를 흐트럼없는 일정한 페이스로 뛰어야 한다는 강박과 같다. 하지만 모든 러너가 일정한 속도로 달리지 않는다. 어떤 사람은 처음부터 빠르게 치고 나가고, 어떤 사람은 후반 스퍼트를 위해 체력을 아낀다. 심지어 완주보다 자신의 페이스를 찾는 것 자체가 목표인 사람도 있다. 우리는 흔히 사회가 정한 길이 '정답'이라고 믿으며 무조건 그 길을 따라가야 한다고 생각한다. 그렇지 않으면 도태된다. 이 기준이 정말 나에게 맞는 걸까? 인생의 어떤 구간은 열심히 달려보기도 하고, 또 어떤 구간은 여유롭게 걸어보기도 하면 좀 어떤가. 마라톤을 같은 속도로 뛸 필요가 없듯, 인생도 모두가 같은 길을 가야 하는 건 아니다. 어떤 사람은 직장보다는 창업을 선택할 수도 있고, 어떤 사람은 결혼보다 혼자만의 삶을 더 원할 수 있으며, 또 어떤 사람은 대도시보다 한적한 시골에서 여유롭게 살고 싶을 수도 있다. 그럼에도 우리는 사회적 기준에 맞춰 살아야 한다는 압박을 느낀다. 마치 남들이 설정한 페이스에 맞추지 않으면 레이스에서 탈락할 것 같은 기분. 하지만 기억해야 한다. 사회적 기준이 곧 나에게 맞는 삶의 정답이 아닐 수도 있다. 정답은 찾는 것이 아니라 만드는 것이다. 모두가 길이 아니라고 했던 그 길의 풀숲을 파헤치며 꽃씨를 뿌리고 지나간다면 분명 다음 세대는 새로운 꽃길을 달릴 것이다.

3. 관계에 중심을 두는 삶 – "나는 어디로 가고 있을까?"

누군가의 기대를 저버리기 싫어서, 실망시키기 싫어서, 혹은 그냥 좋은 사람이 되고 싶어서 나보다 타인을 더 우선하는 경우가 있다. 친구가 부탁하면 힘들어도 들어주고, 가족이 원하면 내 계획을 미루고, 직장에서는 내가 아무리 손해를 봐도 피해를 주면 안될 것 같고. 그러다 보면, 정작 나는 어디로 가고 있는지 모르게 된다. 마라톤에서 무게중심이 흐트러지면 자신의 리듬을 잃고 넘어질 위험이 커지는 것처럼, 관계에서 나보다 타인을 먼저 생각하다 보면 결국 내 삶이 무너질 수도 있다. "네가 원한다면 나도 그렇게 할게.", "내가 희생하면 이 관계가 더 좋아질까?" 이런 생각들로 인해 우리는 무리하게 뛰게 된다. 하지만 관계에서도 결국 중요한 것은, 내가 건강하게 버틸 수 있는가. 그리고 진짜 내가 원하는 관계인가이다. 마라톤에서 자신의 호흡을 맞추고, 리듬을 찾는 것이 중요하듯, 인생에서도 내 감정과 내 삶의 균형을 지키는 것이 중요하다.

4. 실패와 두려움에 중심을 두는 삶 – "혹시 실패하면 어떡하지?"

많은 사람이 실패할까 봐, 실망할까 봐, 불안해서 새로운 도전을 하지 못한다. "지금 직장을 그만두면, 다시는 기회가 안 올 수도 있어.", "이 도전을 했다가 실패하면 다 무너지는 거 아닐까?" 하지만 마라톤을 뛰다 보면 알게 된다. 넘어질 수도 있고, 페이스가 무너질 수도 있다. 예상과 다르게 힘들 수도 있고, 역풍에 힘을 내어 보지만 생각보다 앞으로 나아가는 속도가 더딜 수도 있다. 하지만 중요한 것은 '넘어지더라도 다시 일어나 계속 달릴 수 있느냐.'이다. 걸어도 좋다. 우리는 실패가 두려워 도전조차 하지 않는 경우가 많다. 하지만 무게중심을 기대나 두려움이 아닌, 허공에 떠 있어 손에 잡히지 않을 정도로 높이 있는 목표에 두는 것이 아닌 "지금 내가 할 수 있는 것" 한 발자국, 그 자체에 두는 순간, 우리는 비로소 진짜 앞으로 나아갈 수 있다.

인생의 무게중심을 바깥이 아닌 내 안으로 옮기는 과정은 결코 쉽지 않다. 하지만 고통스러운 그 과정을 통해 우리는 스스로를 긍정하는 마음을 기르고, 타인의 시선에 흔들리지 않는 당당함을 갖추며, 자신의 힘으로 살아가는 품격을 만들어간다. 그리고 무엇보다, 원치 않는 것에 "NO."라고 말할 수 있는 용기를 갖게 된다. 마라톤에서 올바른 무게중심을 유지해야 효율적으로 달릴 수 있듯, 인생에서도 무게중심을 타인이 아닌 '나 자신'에게 둘 때 흔들리지 않는다. 외부의 기준에 휘둘리는 삶이 아니라, 스스로의 가치를 찾아가는 삶을 선택할 때 우리는 생각의 노예에서 생각의 주인이 될 수 있다. 남들의 시선이 아니라, 내가 원하는 길을 가야 한다. 사회적 기준이 아니라, 내 삶에 맞는 방향을 선택해야 한다. 관계에서 나를 희생하는 것이 아니라, 내가 행복할 수 있는 관계를 만들어야 한다. 실패와 두려움에 얽매이는 것이 아니라, 내가 지금 할 수 있는 것에 집중해야 한다. 그러니 다시 한번 물어보자.

나는 지금, 내 중심을 어디에 두고 있는가?
그리고 내가 원하는 방향으로 달리고 있는가?

내 길은 내가 결정한다

해외 마라톤에 참가하다 보면 위트 있는 응원 문구가 종종 눈에 띈다. "고통은 순간이지만, 기록은 인터넷에 영원히 남는다", "넌 우리 정부보다 잘 달린다!" 그중에서도 나도 모르게 피식 웃었던 문구가 있다. "웃어! 이거 하려고 돈 냈잖아!" 맞다. 이건 내가 선택한 일이었다. 스스로 선택한 일은 불평할 여지가 없다. 힘들어도, 후회가 남아도, 그 책임은 온전히 내 것이다. 그렇기에 한 발자국이라도 더 나아가기 위해 노력하게 된다. 자신의 선택권을 타인에게 넘기지 말고 스스로 결정해야 하는 이유는 바로 여기에 있다.

스스로 선택한 일은 다르게 보인다

　우리는 종종 하는 일에 불평하고, 책임을 회피하고, 더 나은 방법을 찾기보다는 익숙한 방식에 머무르려 한다. 하지만 같은 일이라도 '내가 스스로 선택한 일'일 때는 전혀 다른 태도로 임하게 된다. 선택의 주체가 내가 될 때, 불평은 줄어들고, 책임감이 커지며, 끊임없이 성장하려는 동기가 생긴다.

　우리는 살면서 수많은 선택을 한다. 어떤 전공을 선택할지, 어떤 직업을 가질지, 어디에서 살지, 누구와 함께할지. 하지만 이 중요한 선택들이 진짜 '나'의 결정일까? 아니면 부모님의 기대, 친구들의 시선, 사회가 정해놓은 기준 속에서 무의식적으로 따르고 있는 것일까? 나는 컴퓨터공학을 전공했다. 그 전공을 선택하게 된 이유는 딱 세 가지이다. 첫째, 학교 선생님이 원해서. 둘째, 부모님이 원해서. 셋째, 비전이 좋다니까 나라가 원해서. 물론, 그 길이 틀린 선택은 아니었다. 실제로 취업도 잘됐고, 안정적인 미래도 보장됐다. 하지만 어느 순간부터 과거의 꿈이 자꾸 떠올랐다. '다른 길을 선택했더라면 어땠을까?' 하는 미련이 남았고, 도통 현재에 집중할 수 없었다.

　어떤 길을 갈 것인지는 결국 내가 결정해야 한다. 다른 누구도 아닌 '내 삶'을 살아야 하기 때문이다. 남이 정해준 길을 따라가다 보면, 언젠가는 '이 길이 정말 내 것이 맞나?'라는 의문이 든다. 그리고 그때는 다시 돌아가기엔 너무 멀리 와버렸을지도 모른다.

　타인의 기준에 맞춰 선택한 삶은 언젠가 부담으로 돌아온다. 부모님의 기대를 충족시키기 위해 안정적인 직업을 택했지만, 정작 아침마다 출근길이 고통스럽다면? 사회적으로 인정받는 길을 가기 위해 억지로 명문대를 갔지만, 공부 자체가 버겁다면? 처음에는 그 선택이 맞는 것처럼 보일 수도 있다. 하지만 시간이 지나면서 내가 원하지 않는 길이었다는 걸 알게 된다. 문제는, 그때는 이미 늦었을 수도 있다는 것이다. 내가 가고 싶은 길이 아니라, 남이 보기에 좋아 보이는 길을 선택하면 결국 나는 거기에서 행복을 찾을 수 없다. '어쩌다 보니 이렇게 살고 있네'라는 생각이 들기 시작하면, 삶은 점점 무기력해진다. 반면, 스스로 선택한 길은 때때로 힘들더라도 후회가 덜하다. 왜냐하면, 내가 선택했기 때문에 그 결과를 기꺼이 받아들일 수 있다.

'정답' 같은 길은 존재하지 않는다

어떤 선택이든 후회 없는 완벽한 길은 없다. 그럼에도 우리는 늘 '틀리지 않기 위해' 남들이 정해놓은 길을 따라가려 한다. 부모님이 추천하는 길이 안정적일 것 같고, 친구들이 가는 길이 덜 외로울 것 같고, 사회가 인정하는 길이 더 성공적인 것 같아서. 하지만 남들이 정한 길이 반드시 나에게 맞는 길이라는 보장은 없다. 어떤 사람에게는 대기업이 꿈의 직장이지만, 어떤 사람에게는 작은 가게를 운영하며 사는 삶이 더 행복힐 수도 있다. 어떤 사람에게는 결혼이 인생의 목표지만, 어떤 사람에게는 혼자서 자유롭게 사는 것이 더 만족스러울 수도 있다. 중요한 것은 타인의 시선이 아니라, 내가 원하는 삶이 무엇인지 스스로 결정하는 것이다.

불평이 사라지는 이유: '내가 한다고 했으니까'

억지로 떠맡은 일과 내가 주도적으로 선택한 일은 전혀 다르게 다가온다. 같은 업무라도, '왜 이걸 나한테 시키지?'라고 생각하면 불만이 쌓이지만, 내가 원하는 목표를 이루기 위한 과정이라면 자연스럽게 받아들인다. 회사에서 팀장이 나에게 프로젝트를 맡겼을 때, '왜 내가 해야 하지? 다른 사람이 하면 안 되나?'라는 생각이 들면 화가 난다. 하지만 같은 일이더라도 내가 직접 지원해서 맡았다면 '이걸 어떻게 하면 더 잘할 수 있을까?'라는 고민을 하게 된다. 이 차이는 어디에서 올까? 선택의 주체가 나였는지, 아니었는지에서 비롯된다. 내 의지로 선택한 일이라면 과정에서 오는 어려움도 받아들이게 된다. 반면, 타인이 강요한 일이라면 작은 불편함도 거슬리기 마련이다.

책임감이 생기는 이유: '내 선택이니까'

사람은 자신이 선택한 일에 대해 더 큰 책임을 느낀다. 선택하지 않은 일은 쉽게 남 탓을 하게 되지만, 내가 결정한 일은 결과에 대한 책임도 자연스럽게 받아들인다. 누군가의 권유로 특정 전공을 선택한 학생은 학업이 힘들어질 때마다 "이 전공은 나랑 안 맞아",

"부모님이 하라고 해서 했을 뿐이야", "다들 그렇게 하니까 나도 따라갔어."라며 쉽게 포기하려 한다. 그렇게 남의 선택을 따라가다 보면 결국 내 인생의 주인이 내가 아니라 타인이 된다. 하지만 스스로 깊이 고민한 끝에 선택한 전공이라면, 어려움이 와도 "내가 선택한 길이니까 어떻게든 해보자"라는 태도가 나온다. 비록 힘들더라도 내 선택이기에 더 책임감 있게 살 수 있다. 내가 선택한 일은 곧 '내 일'이 된다. 그렇기에 어려움이 닥쳐도 쉽게 남의 탓을 하지 않고, 끝까지 책임을 지려는 태도가 생긴다. 선택을 잘못했다면 다시 선택하면 된다. 방향이 틀렸다면 다시 수정하면 된다. 그리고 멈추지 않고 나아가면 된다. 중요한 것은 남들이 대신 내 삶을 결정하게 두지 않는 것이다. 후회 없는 삶을 위해, 선택의 책임을 지는 연습이 필요하다.

더 나은 방법을 찾게 되는 이유: '포기할 수 없으니까'

스스로 선택한 일은 쉽게 포기할 수 없다. 선택의 주체가 나였기 때문에, 실패하면 더 큰 후회가 남는다. 그래서 어떻게든 성공할 방법을 찾으려 한다. 창업을 한 사람과 직장에 다니는 사람을 비교해보자. 물론 직장에서도 최선을 다하는 사람들이 많지만, 창업을 한 사람은 자신의 생존이 걸려 있기에 문제를 해결하려는 태도가 더 절실하다. 손님이 줄어들면 단순히 불평하는 것이 아니라 '어떻게 하면 더 많은 고객을 끌어올 수 있을까?'를 고민하고, 매출이 떨어지면 '새로운 메뉴는 없을까?'를 찾는다. 이처럼, 내가 선택한 일이기 때문에 성공시키고 싶고, 더 나아지고 싶어지는 것이다. 그 과정에서 문제 해결 능력이 길러지고, 끊임없이 개선하는 태도가 몸에 배게 된다. 우리가 기억해야 할 것은 결국 내 인생은 내가 살아야 한다. 부모님도, 친구도, 사회도 대신 살아주지 않는다. 힘들 때 대신 버텨주지 않고, 후회할 때 대신 시간을 돌려주지 않는다. 결국 모든 선택의 결과를 감당해야 하는 것은 '나' 자신이다. 그렇다면 그 선택을 남이 해주는 것이 아니라, 내가 해야 하는 것이 당연하다. 타인의 시선에서 벗어나, '내가 원하는 삶'에 집중해야 한다. 어떤 선택을 하든 완벽한 길은 없다. 하지만 내가 선택한 길이라면, 그 길이 틀렸다고 해도 다시 돌아올 수 있고, 넘어져도 다시 일어설 수 있다. 그것이 포기하지 않고 오래 달릴 수 있는 비결이고, 나답게 달리는 삶이다.

타인의 기대에 맞춰 살면 실패에 대한 원망과 증오의 화살도 타인에게 날린다. 니체는 말한다. "사람은 언제나 자기 자신을 극복해야 하는 그 무엇이다." 같은 일도 '내가 선택했느냐, 아니냐'에 따라 받아들이는 태도가 달라진다. 스스로 선택한 일이라면 불평할 이유가 사라지고, 책임감을 느끼며, 더 좋은 방법을 찾기 위해 고민하게 된다. 하지만 이미 벌어진 일이라면 우리는 어떻게 해야 할까? 모든 일을 내가 선택한 것처럼 생각하자. 하기 싫은 일이라도 '내가 성장하기 위해 선택한 과정'이라고 생각하면 태도가 달라진다. 그리고 앞으로의 선택을 할 때, 내 의지로 결정하는 습관을 들이자. 스스로 선택한 삶은 남이 시켜서 사는 삶과 다르다. 내가 선택한 삶은 더 책임감 있고, 능동적이며, 결국 더 나은 방향으로 나를 이끈다. 그러니, 내 길은 내가 선택해야 한다.

  달리자, 나답게

질투에서
자유로워지는 방법

누구나 한 번쯤 질투를 경험한다. 친구가 나보다 먼저 승진했을 때, 동료가 더 좋은 기회를 잡았을 때, SNS에서 누군가가 나보다 더 화려한 삶을 사는 것처럼 보일 때. 질투는 자연스러운 감정이지만, 그것이 쌓이면 스스로를 갉아먹고 삶의 만족도를 떨어뜨린다. 나의 하루는 온통 '질투'로 가득 찼었다. 아무리 집중하려 해도 일은 손에 잡히지 않았고, 아무리 성과가 있어도 행복하지 않았다. 친구에게 질투하는 나 자신이 참 작은 그릇이라는 생각에 스스로 부끄럽기도 했다. 질투라는 감정을 어떻게 다스릴 수 있을까를 고민하다가, 결국 답은 "매일의 작은 행복을 찾는 것"에 있다는 걸 깨달았다. 남과 비교하며 불행을 키우는 대신, 나만의 행복을 만들고 쌓아가는 것이다.

　질투의 가장 큰 문제는 나의 초점을 '남'에게 두게 만든다는 것이다. "쟤는 나보다 더 잘 나가", "나는 왜 저만큼 못할까?", "나도 저런 기회가 있었으면 좋았을 텐데." 이렇게 비교하다 보면 정작 내가 가진 것들은 보이지 않게 된다. 나도 나름 열심히 살고 있고, 소중한 것들을 가지고 있음에도 불구하고 말이다. 질투는 결핍에서 온다. 내가 부족하다고 느낄수록 남의 것을 더 원하게 된다. 결국 스스로를 깎아내리게 되고, 만족보다는 불안이 커진다. 때론, 질투를 잠재울 수 있는 한방의 큰 행운을 기대하기도 한다. 진짜 행복은 거창한 성취에서 오는 것이 아니라, 매일의 작은 순간 속에서 발견된다. 우리가 '큰 행복'만을 기다리다 보면, 오히려 삶이 공허하게 느껴질 수 있다. 하지만 작은 행복들을 발견하고 쌓아가기 시작하면, 우리의 하루는 더 따뜻하고 충만해진다. 작은 행복은 마치 인생의 촘촘한 실타래와 같아서, 그것들이 모이면 결국 더 단단하고 아름다운 삶을 만든다. 시선을 바꿔 내가 가진 것들에 집중하면 불필요한 비교에서 벗어날 수 있었다.

질투를 버리고, 내 행복을 만드는 3가지 방법

1. 나만의 '행복 리스트'를 만들자.

　질투는 '남의 것'에 집중할 때 생기지만, 행복은 '내 것'에 집중할 때 찾아온다. 그래서 나는 매일 나를 행복하게 하는 것들을 적어보는 습관을 들였다. 아침에 마신 따뜻한 커피 한 잔, 좋아하는 노래를 들으며 산책하거나 달리는 시간, 오래된 친구와 나눈 짧은 대화. 이렇게 사소한 것들을 적다 보면, 남과 비교할 필요 없이 내가 이미 행복을 많이 가지고 있다는 사실을 깨닫게 된다.

2. 비교의 기준을 '어제의 나'로 바꾸는 것도 도움이 되었다.

비교를 하되, 남이 아니라 어제의 나와 비교하는 것이다. 끝이 보이지 않는 어두운 터널 속에서 1년을 보낸 후 처음 달리기를 시작했을 때, 나는 별다른 일정이 없었음에도 묘한 행복감을 느꼈다. '왜 이렇게 기분이 좋지?' 곰곰이 생각해 보니, 그 이유는 남이 아니라 '어제의 나'에게 기준을 두고 있었기 때문이었다. 친구가 취업에 성공했다는 소식도, 동료가 비자를 받고 곧 중국으로 떠난다는 들뜬 표정도 내 행복과는 무관했다. 대신, 어제보다 단 1분이라도 더 달렸다는 사실이 나를 뿌듯하게 만들었다. 대단한 성취는 아니었지만, 매일 쌓이는 작은 변화가 어느 순간 큰 성장이 되어 있었다.

"나는 지난주보다 더 꾸준히 운동하고 있나?", "어제보다 오늘 더 성장한 점은 뭐지?" 이렇게 시선을 돌리면, 질투가 아니라 동기부여가 된다. 남의 성취는 내가 통제할 수 없지만, 어제보다 나아지는 건 내가 결정할 수 있는 영역이다. 남이 아닌 '나의 성장'에 집중하면 흔들리지 않고 더 단단해질 수 있다.

3. '지금 이 순간'에 집중하자.

질투가 커지는 순간을 잘 살펴보면, 대부분 현재를 충분히 즐기지 못할 때라는 걸 알게 된다. SNS를 보며 남의 삶을 부러워할 때, 미래에 대한 불안감이 커질 때, 지금 내 삶이 부족하다고 느껴질 때. 이럴 때 가장 좋은 방법은 '지금'에 집중하는 것이다. 나는 달리기를 하면서 이걸 가장 많이 느낀다. 뛰는 순간만큼은 과거의 후회도, 미래의 불안도 중요하지 않다. 그냥 한 걸음, 한 걸음 나아가는 것만 생각하면 된다. 달리기를 마치고 샤워를 하고 있으면 불안했던 마음이 가라앉고 "이 순간도 충분히 좋구나"라는 생각이 든다. 하루 10분이라도 스마트폰을 멀리하고, '지금'에 집중하는 시간을 가져보자. 결국, 비교는 끝이 없고, 행복은 지금 여기에 있다.

행복은 거창한 이벤트에서 오는 것이 아니다. 오히려 작고 소소한 기쁨들이 지속될 때, 우리의 삶 전체가 더 만족스럽게 느껴진다. 미국의 심리학자 마틴 셀리그만(Martin Seligman)의 연구에 따르면, 작은 긍정적인 경험을 자주 하는 사람들이 더 높은 삶의 만족도를 보인다고 한다. 반면 큰 성취를 이루었더라도 일상에서 기쁨을 느끼지 못하면 행복감이 오래가지 않는다. 우리가 쉽게 놓치는 작은 순간들을 더 의식적으로 즐기면, 삶은 훨씬 따뜻하고 풍요로워진다.

행복은 결국 '습관'이다

　사람들은 종종 행복을 '조건'이라고 생각한다. "이루어야만 행복할 수 있어", "무언가를 가져야만 행복할 수 있어." 하지만 행복은 조건이 아니라 습관이다. 작은 행복을 찾아내는 습관을 가진 사람은, 어떤 상황에서도 행복을 느낄 수 있다. 오늘은 행복할 거라고 내가 '선택'하자. 같은 비 오는 날에도, 어떤 사람은 '꿀꿀한 날씨'라고 생각하고, 어떤 사람은 '우산 속에서 듣는 빗소리가 운치 있다'고 생각한다. 같은 월요일에도, 어떤 사람은 '또 시작이네'라고 한숨을 쉬고, 어떤 사람은 '새로운 한 주를 어떻게 채울까?'라고 기대한다. 결국 행복은 우리의 선택이다. 작은 것에서 기쁨을 찾을수록, 행복해지는 시간은 더 많아진다. 사소한 일일수록 가볍게 넘기지 말고, 의식적으로 즐겨보자. 작은 행복을 찾는 습관이 결국 큰 행복을 만든다.

　질투는 누구나 할 수 있는 감정이지만, 우리가 질투에 머무를지 그것을 넘어서 나만의 행복을 찾을지는 선택할 수 있다. 행복은 멀리 있지 않다. 이미 우리의 일상 속에 있고, 우리가 그것을 바라볼 때 더 커진다. 그러니 오늘, 나만의 작은 행복을 찾아보자. 주변을 한번 둘러보자. 그리고 그 행복을 하나씩 쌓아가다 보면, 남을 부러워할 틈도 없이 내 삶이 더 충만해질 것이다. 당신이 놓치고 있던 작은 행복이 분명 여기저기 숨어 있을 것이다.

명사가 아닌
동사의 삶을 살자

달리기를 하다보면 누구나 비슷한 단계를 거친다. 첫 번째 단계에서는 더 빨리 달리고 싶어진다. "10km를 1시간 안에 완주해야지!" 목표를 세우고 속도를 올린다. 두 번째 단계에서는 더 멀리 가고 싶어진다. "하프 코스를 달려볼까? 올해는 풀코스 완주가 목표야!" 세 번째 단계에서야 자신의 한계를 받아들이는 방법을 배운다. 부상을 피하고, 즐기면서 오래 달릴 수 있는 방법을 고민하게 된다. 그리고 마침내 달리기의 진정한 의미를 깨닫는다. 당신은 어디까지 왔나? 이 과정은 삶과도 닮아 있다. 처음엔 빨리 가는 것이 중요하다 생각하지만, 결국 중요한 것은 '어디까지 갔느냐'가 아니라 '어떻게 가고 있으냐'라는 사실을 깨닫는다. 달리기는 빨리 달리는 게 중요한 게 아니었다. 멀리 달리는 것도 중요하지 않았다. 달린다는 과정 그 자체를 통해 나를 알아가고, 비워가고, 채워가며 더 나은 나의 모습이 되고 싶다고 다짐하고 느끼는 것. 그게 가장 중요하다. 그것이 나를 더 멀리 달리게 하고, 나를 더 빨리 달리게 만든다. 그 안에서 또 새로운 나를 발견하고, 새로운 꿈을 꾸게 만들어 준다. 누군가 나에게 말했다. "정은 씨를 보면 꿈은 명사가 아니라 움직이는 동사라는 걸 알았어요." 그 말이 마음에 남았다.

우리는 종종 자신을 한 단어로 정의한다. 나는 학생. 나는 회사원. 나는 러너. 이렇게 말하면 마치 내가 어떤 사람인지 분명해 보인다. 하지만 여기서 한 가지 중요한 질문이 있다. "정말 그 역할을 충실히 수행하고 있는가?" 학생이라고 해서 매일 배우고 있는 건 아니다. 회사원이라고 해서 매일 성장하고 있는 건 아니다. 러너라고 해서 꾸준히 달리고 있는 것도 아니다. 이것이 바로 명사(Noun)의 삶이다. 우리는 특정한 타이틀을 갖게 되면, 마치 거기에 머물러 있어도 괜찮은 것처럼 느낀다. 하지만 진짜 중요한 것은 '내가 누구인가'가 아니라 '내가 무엇을 하고 있는가'다.

명사의 삶: 정체된 존재

명사의 삶은 어떤 역할을 하고 있다는 착각 속에 멈춰 있는 삶이다. 우리는 특정한 타이틀을 가지는 순간 안주하기 쉽다. "나는 학생이다" → 하지만 더 이상 배우려고 하지 않는다. "나는 작가다" →

하지만 최근에 글을 쓴 적이 없다. "나는 사업가다" → 하지만 새로운 도전을 멈췄다. 이런 상태는 종종 성취 후 무기력으로 이어진다. 목표를 이루고 나면 다음 단계로 나아가야 하는데, 이미 '나는 이런 사람이다'라는 정체된 명사의 생각에 빠져버리면 성장을 멈추게 된다. 명사의 삶은 과거의 성취에 머물러 있는 것이다. 즉, 타이틀이 나를 움직이는 것이 아니라 나를 정체시키는 족쇄가 되어버리는 순간이 온다.

동사의 삶: 끊임없이 움직이는 존재

반대로 동사의 삶을 사는 사람들은 다르다. 이들은 자신을 이렇게 정의한다. "나는 배운다" 학생이든 아니든, 주부든 은퇴자든, 끊임없이 지식을 쌓는다. "나는 쓴다" 출판되지 않아도, 매일 글을 쓴다. "나는 달린다" 프로 러너가 아니어도 꾸준히 한 걸음씩 내딛는다. 이들은 특정한 자리에 안주하지 않는다. 직업이 중요한 게 아니라 행동이 중요하다. 운전면허증을 갖고 있어도 더이상 운전하지 않고 장롱 속에만 있다면 운전자가 아니듯, 의사 면허를 가지고 있어도 의사로서 활동하지 않으면 더 이상 의사가 아니듯, 작가라는 타이틀이 있어도 글을 쓰지 않으면 작가가 아니다. 타이틀은 단순한 이름표일 뿐 진짜 중요한 것은 '내가 지금 무엇을 하고 있는가'이다.

동사의 삶이 우리를 더 성장시키는 이유

가수 솔비는 돈이 생기면 물건이 아니라 경험을 모으기로 했다. 과거 그녀는 2억 원 상당의 금품을 도둑맞았다. 집 안은 엉망이었고, 이불은 다 젖혀져 있었으며, 낯선 발자국이 곳곳에 찍혀 있었다. 애지중지 모았던 시계, 쥬얼리, 선글라스 등 값비싼 물건들이 한순간에 사라졌다. 충격이 컸다. 너무 허망해서 밤잠을 설치며 몇 번이고 번뜩 일어나곤 했다. "열심히 일해서 번 돈으로 명품을 사며 스스로에게 보상한다고 생각했어요. 그런데 그 모든 게 하루아침에 사라지고 나니, 내가 쌓아온 것들이 이렇게 허무한 거였구나 싶더라고요." 그날 이후 그녀는 더 이상 쇼핑에 집착하지 않았다. 대신 미술관을 다니고, 책을 읽으며, 경험과 배움으로 자신을 채워나가기 시작했다. "도둑이 훔칠 수 없는 건 지식이더라고요. 그래서 공부하고, 새로운 것들을 배우면서 삶이 완전히 달라졌어요." 그렇게 솔비는 명사를 수집하는 사람이 아니라, 동사를 경험하는 사람이 되었다.

동사의 삶은 변화와 성장을 가능하게 한다

명사의 삶에 머물면 현실에 안주하기 쉽다. 하지만 동사의 삶을 사는 사람들은 끊임없이 스스로에게 질문한다. "나는 지금도 배우고 있는가?", "나는 지금도 움직이고 있는가?", "나는 여전히 도전하고 있는가?" 이 질문을 멈추지 않는 한, 우리는 지속적으로 성장할 수밖에 없다.

동사의 삶은 행동이 정체성을 만든다

우리는 보통 "어떤 사람이 되고 싶다"고 생각한 후 행동을 따라가려고 한다. 하지만 동사의 삶을 사는 사람들은 정반대다.

"나는 매일 글을 쓴다" → 그래서 나는 작가다.

"나는 매일 운동한다" → 그래서 나는 건강을 유지하는 사람이다.

"나는 매일 새로운 것을 배운다" → 그래서 나는 성장하는 사람이다.

행동이 쌓이면 자연스럽게 정체성이 형성된다. 즉, 동사의 삶은 '행동'을 통해 내가 어떤 사람인지 정의하는 삶이다.

동사의 삶은 끊임없이 도전하게 만든다

명사의 삶에 머물면 실패를 두려워한다. "나는 사업가다"라고 정의하는 순간, 사업이 실패하면 내 정체성 자체가 흔들린다. 하지만 "나는 도전한다"라고 생각하면, 실패는 과정의 일부일 뿐이다.

"나는 사업을 한다" → 실패해도 계속해서 새로운 시도를 한다.

"나는 도전한다" → 넘어져도 다시 일어나 나아간다.

"나는 배운다" → 실수에서 교훈을 얻고 앞으로 나아간다.

동사의 삶을 사는 사람들은 실패를 성장의 과정으로 받아들인다. 그들은 무너지지 않고 다시 도전한다.

명사가 아닌 동사의 삶을 살자

어떤 삶을 선택할 것인가? 우리는 종종 "나는 누구인가?"라는 질문을 던진다. 하지만 더 중요한 질문은 이거다. "나는 지금 무엇을 하고 있는가?", "나는 멈춰 있는가, 아니면 움직이고 있는가?" 살면서 많은 사람이 '이뤄낸 것'에 집중한다. 하지만 중요한 건 '계속해서 무엇을 하는가'이다. 우리는 특정한 타이틀을 얻는 순간 만족하는 것이 아니라, 계속해서 변화하고 성장하며 살아가야 한다.

명사에서 동사로 나를 바꾸는 3가지 방법이다.

첫째, "나는 누구인가?" 대신 "나는 무엇을 하고 있는가?"라고 질문하라. 타이틀에 집착하지 말고, 스스로를 행동으로 정의하라.

둘째, 현재의 위치보다, 앞으로의 방향에 집중하라. 어디에 있는지가 아니라, 앞으로 어디로 가고 있는지가 중요하다.

셋째, 도전을 멈추지 마라. 어떤 자리에서든 배우고, 움직이고, 도전하는 사람이 되자.

세상은 명사로 살아가는 사람이 아니라, 동사로 살아가는 사람들에 의해 변화된다. 당신은 어느 쪽의 사람이 되고 싶은가. 멈춰 있는 것이 아니라, 흘러가자. 움직이고, 배우고, 도전하며 살아가자.

"나는 누구인가?"가 아니라

"나는 지금 무엇을 하고 있는가?"

이 질문이 당신의 삶을 바꿀 것이다.

막연한 꿈을
현실로 만드는 법

어릴 적 누구나 꿈을 꾼다. 누군가는 우주비행사가 되고 싶어 하고, 누군가는 소설을 쓰고 싶어 하며, 누군가는 세계 곳곳을 여행하며 살고 싶어 한다. 하지만 시간이 지나면서 많은 꿈이 사라진다. 어른이 된 후에도 꿈을 간직한다는 것 자체가 어려운 일이다. 나는 가수 션을 존경한다. 그의 꾸준함도 인상적이지만, 무엇보다도 그에겐 꿈이 많다는 점이 존경스럽다. 루게릭병 환우들을 위해 국내 최초이자 세계 최초의 루게릭 요양병원을 설립하고, 국가유공자 후손들의 주거 환경을 개선하기 위해 100호까지 집을 지어드리는 것 등 그는 끊임없이 꿈을 목표로 만들어가고 있다. 그리고 그 꿈들은 그를 계속해서 움직이게 만들며 놀랍게도 실현되고 있다.

우리는 언제부터 꿈을 잃어버렸을까? 그건 꿈이 불가능해서가 아니라 어떻게 해야 할지 몰라서 아닐까? "언젠가 해야지", "나중에 기회가 오겠지." 막연한 생각만 하다가 결국 아무것도 변하지 않는다. 그럼 꿈을 현실로 만들려면 어떻게 해야 할까? 단순한 희망이 아니라 구체화하는 과정이 필요하다. 단순히 "하고 싶다"는 생각만으로는 꿈을 이루기가 어렵다. 꿈을 현실로 만들려면, "하고 싶어서 안달나도록" 만들어야 한다고 믿는다.

'언젠가'가 아닌 '제한시간'을 설정하라

"나도 언젠가 책을 써보고 싶어." 이 말과 "나는 1년 안에 200페이지 분량의 책을 완성할 거야." 이 말의 차이는 크다. 막연한 꿈은 '언젠가'라고 말하지만, 구체적인 목표는 언제 어떻게 무엇을 해야 하는지를 알려준다. 나도 첫 책을 출간하기까지 1년이라는 제한시간이 있었다. 그 시간 안에 어떤 수단을 활용해서라도 반드시 책을 출간해야만 했다. 그렇지 않으면 다시 회사로 들어가야 했다. 그 목표가 있었기에 여러 어려움과 고난을 이겨내며 정확히 1년 뒤에 책이 출간될 수 있었다.

되도록 너무 먼 미래보다는 1년 이내가 좋다. 현실적으로 피부에 와 닿는 기간은 1년이다. 시간이 멀수록 집중력이 흐려지고, 실행 가능성은 낮아진다. "나는 언젠가 마라톤을 완주하고 싶어"라는 막연한 꿈 대신 "올해 11월에 열리는 서울 마라톤에서 풀코스를 완주할 거야", "언젠가 내 가게를 차려야지"라는 꿈 대신 "내년 6월까지 창업 계획서를 완성하고, 9월에 오픈할 거야"라는 구체적인 제한 시간을 두자. 꿈을 '언젠가'에서 '지금'으로 바꾸는 것이 중요하다.

동기부여를 위한 '헤비 토커'가 되어라!

사람들은 보통 "말보다 행동이 중요하다"고 한다. 하지만 나는 반대로 생각한다. 말이 행동을 만들 때가 있다. 꿈을 현실로 만들고 싶다면, '헤비 토커(Heavy Talker)'가 되자. 즉, 내 꿈을 남들에게 말하고 다니는 것이다. "나, 올해 안에 책 낼 거야", "1년 안에 마라톤 풀코스 완주할 거야", "30대가 되기 전에 내 가게 차릴 거야. 기다려봐!" 이렇게 계속해서 말하면, 두 가지 일이 벌어진다. 첫 번째, 자신이 한 말을 지켜야 한다는 압박감이 생긴다. 한두 명에게 말하면 포기할 수도 있다. 하지만 열 명, 백 명에게 말하면 그냥 포기하기가 어려워진다. 많은 이들에게 말할수록 책임감은 두터워진다. "어? 너 마라톤 뛴다고 하지 않았어?"라는 질문이 들리기 시작하면 도망칠 곳이 없다. 두 번째, 기회가 찾아온다. 누군가 내 꿈을 듣고 도움을 줄 수도 있다. "어떻게, 잘 준비하고 있어?", "마라톤 완주하려면 식단 관리는 이렇게 해야 한데. 참고해봐!", "요식업자 관계자 한번 만나볼래?" 신기하게도, 말을 많이 하면 정보와 사람이 따라온다. 마라톤을 뛴다고 말하면, 러닝 크루가 연결되고 좋은 대회 정보를 알게 된다. 책을 쓰겠다고 하면 출판사에서 연락이 올 수도 있다. 이 방법은 심리학에서도 증명되었다. 로버트 치알디니의 '공개적 선언(Commitment & Consistency)' 법칙에 따르면, 사람들은 공개적으로 선언한 목표를 이루려는 경향이 있다고 한다. 즉, 사람들에게 말할수록, 그 말을 행동으로 옮길 가능성이 커진다. 꿈을 이루고 싶다면?

말하라! 더 크게, 더 자주!

꿈을 '기록'하라, 반드시 눈에 보이게!

시각적 추적법을 활용하라. 사람들은 머릿속으로만 꿈을 생각하다가 결국 흐지부지해진다. 꿈은 형체가 없기에 계속 그려나가고 실행하지 않으면 기억 속에서 점점 희미해지다가 결국 다른 우선순위에 밀려 사라지기 마련이다. 눈에 보이고, 손으로 만질 수 있을 때, 꿈은 현실로 바뀐다. 도미니크 스테펜스(Dominique Steffens)의 연구에 따르면, 꿈을 기록하는 것만으로도 목표 달성률이 42% 높아진다고 한다. 방법은 간단하다. SNS 또는 일기장에 나의 운동 일지를 작성해 보자. 공유하다보면 동기부여가 된다. 달력만 있어도 훌륭하다. 훈련한 날짜에 X 표시를 하며 진행 상황을 체크하자. 손으로 직접 써보면 그 효과는 더 강화된다. "올해 11월, 풀코스 마라톤 완주!"라고 노트에 크게 써보자. 계속 보다 보면 행동하지 않고는 못 배긴다. 머릿속에서만 꿈을 그리지 마라. 눈으로 보이고, 피부로 느낄 수 있도록 기록하자.

꿈을 '게임처럼' 만들자

꿈은 너무 거창해서 부담스럽지만, 게임은 단순해서 재미있다. 왜? 게임에는 '즉각적인 보상'이 있다. 작은 목표를 달성하면 레벨이 올라가고, 아이템을 추가로 선물 받는다. 반면, 꿈은 너무 먼 미래에 있다. 즉각적인 보상을 기대하기도 어렵고, 끝도 보이지 않는 마라톤을 달리는 것 같다. 그래서 포기하기 쉽다. 꿈을 게임처럼 만들면, 더 재미있게 달성할 수 있다. '게임화'하는 2가지 방법이 있다.

첫 번째, 레벨 시스템 만들기. 작은 단계를 만들고, 각 단계에서 스스로 보상을 주자. '마라톤 풀코스'는 → 레벨 1: 5km 완주, 레벨 2: 10km 완주, 레벨 3: 하프코스 완주로 세분화하는 것이다.

두 번째, 보상을 위한 체크포인트를 설정하자. 체크포인트에서는 무조건 보상 시간이 주어져야 한다. 평소 갖고 싶었던 나를 위한 선물도 좋고, 먹고 싶었던 음식도 좋고, 아무것도 하지 않는 휴식의 시간도 좋다. 체크포인트를 만들고 하나씩 클리어하는 과정에서 즐거움과 뿌듯함이 쌓인다. 지루한 목표가 아니라 재미있는 도전처럼 만들자.

꿈을 '사람'과 연결하라

혼자서는 꾸준히 하기 어렵다. 하지만 누군가 함께하면 포기할 수 없다. 꿈을 이루고 싶다면, 같은 목표를 가진 사람들과 연결하라. 누군가가 지켜보고 있다는 생각에 책임감이 생긴다. 그리고 정보가 공유되어 혼자 알기 어려운 팁을 배울 수 있고, "나도 같이 더 열심히 해야겠다!"라는 경쟁심이 자극된다. 러닝 크루나 스터디 그룹에 가입하거나 '30일 글쓰기 챌린지'같은 온라인 챌린지에 참여해 볼 수도 있다. 멘토도 훌륭한 방법이 된다. 나보다 한발 앞선 사람이 있으면 시간을 낭비하지 않고 방향을 잡기 쉽다. 함께하는 사람을 찾으면, 꿈은 더 빨리 이루어진다.

나만의 역경 극복 스토리를 만들어라

꿈을 향해 가다 보면, 반드시 어려움이 찾아온다. 하지만 장애물을 만났을 때 포기하는 사람이 있고, 극복하는 사람이 있다. 나도 꿈을 이루는 과정에서 수많은 장벽을 만났다. 마라톤을 준비하며 훈련 부족으로 어려움의 순간도 있었고, 베이커리 카페를 운영하면서 자금이 부족했던 순간도 있었다. 그때마다 나를 지탱해 준 것은 "이건 하나의 과정일 뿐이다"라는 생각이었다. 그리고 "나중에 꼭 성공해서 인터뷰에 쓸 스토리가 되어 주는구나" 생각했다. 철학자 칸트는 말했다. "어떤 어려움이 닥쳐도 흔들리지 않는 사람은 반드시 목적지에 도달한다" 장애물 앞에서 주저할 수도 있다. 하지만 그 장애물은 우리를 멈추게 하기 위해 있는 것이 아니라 더 단단하게 만들어주기 위해 있는 것이다.

지금 당장 시작하자

완벽한 계획은 중요하지 않다. 중요한 것은 '한 걸음을 내딛는 것'이다. 베이커리 카페를 운영하면서도 같은 경험을 했다. 처음부터 가게를 차릴 자신이 없었다. 생각도 없었다. 하지만 "좋아하는 빵을 매일 한 가지씩 만들어보자." 이렇게 시작하니 조금씩 자신감이 붙었다. 만들 수 있는 빵의 종류도 많아졌고, 손도 빨라져서 같은 시간에 더 많은 빵을 생산할 수 있었다. 꿈을 현실로 만들려면, 지금 당장 할 수 있는 작은 행동부터 시작하는 것이 중요하다. 지금 당장 할 수 있는 일들의 크기는 생각보다 작다. 그래서 지금 당장 할 수 있다. 책을 쓰고 싶다면? → 하루 한 문장이라도 써보기. 마라톤을 뛰고 싶다면? → 운동화를 신고 5분이라도 걷기. 외국어를 배우고 싶다면? → 단어 3개라도 외우기. 큰 변화는 작은 행동에서 시작된다. 꿈은 '행동'할 때만 현실이 된다. 월트 디즈니는 말했다. "꿈을 이루는 비밀은 단 하나, 행동하는 것이다."

꿈을 사랑하라

애플 창립자 스티브 잡스는 말했다. "위대한 일을 할 수 있는 유일한 방법은 당신이 하는 일을 사랑하는 것이다." 꿈을 이루는 과정은 쉽지 않다. 때로는 지치고 포기하고 싶을 때도 있다. 하지만 중요한 것은 "꿈을 이루는 과정 자체를 즐기는 것"이다. 나는 마라톤을 준비하며 수많은 훈련을 거쳤고, 때로는 너무 힘들어 포기하고 싶을 때도 있었다. 하지만 함께 달리는 크루가 있었기에 끝까지 버틸 수 있었다. 베이커리 카페도 마찬가지였다. 자금이 부족하고, 예상보다 운영이 쉽지 않은 순간도 많았다. 하지만 손님들이 빵을 맛있게 먹고 행복해하는 모습을 보며 다시 힘을 낼 수 있었다. 꿈을 이루는 과정에서 '작은 성취'를 기뻐하자. 내가 하고 있는 일에 설렘을 가지자. 내 꿈을 사랑할 때, 꿈을 향한 길이 더 행복해진다.

요즘 설레는 하루를 보내고 있다. 누군가가 나의 다음 목표를 묻는다면, 늘 주저 없이 말한다. "션과 함께 광화문에서 유아차 1,000가족과 '유아차 대행진'을 하는 거예요." 그리고 덧붙인다. "제가 진짜 그 목표를 이룰 수 있는지 계속 지켜봐 주세요." 나는 그냥 꿈을 꾸는 것이 아니다. 1,000가족이 정말 달릴 수 있는지 직접 경험하고, 데이터와 노하우를 축적하고 있다. 처음에는 37팀, 67팀, 122팀… 점점 숫자를 늘려가며 가능성을 실험했다. 혹자는 말한다. "그게 정말 가능한 일일까요?" 하지만 올해 5월 그 꿈은 현실이 되었다. 당신의 꿈은 무엇인가? 그 꿈은 막연한 바람으로 남을 것인가 아니면 구체적인 목표로 만들어 현실이 될 것인가? 지금 기한을 정하라. 꿈을 크게 말하고 작은 행동부터 시작하자. 과정을 즐기고, 끝까지 가라. 그럼 꿈을 이룰 것이다. 꿈을 이룰 사람은 바로 지금 시작하는 사람이다.

감사하는 태도가
삶을 바꾼다

며칠 전, 마라톤 대회에서 잊지 못할 순간을 경험했다. 둘째 아이 임신 4개월 차였던 나는 조심스럽게 나만의 페이스를 유지하며 천천히 달리고 있었다. 속도가 느린 만큼 많은 러너의 뒷모습을 보며 달렸는데, 그중에서 유독 눈에 익은 실루엣이 있었다. 그날 대회는 시각장애인 마라톤 동호회인 'VMK'의 공식 대회였기에 많은 시각장애인 러너들이 둘 혹은 셋이 팀을 이루어 함께 달리고 있었다. 그런데 한 러너의 뒷모습이 너무나도 익숙했다. 폼과 속도까지 분명 몇 년 전 풀코스 마라톤을 함께 뛰었던 선생님이었다. 확인하고 싶었지만 몸 상태상 속도를 낼 수는 없었다. '반환점을 돌 때 다시 확인해야겠다' 그렇게 결심하고 계속 달렸다. 하지만 반환점이 가까워졌음에도 선생님은 나타나지 않았다. '혹시 놓쳤나?' 아쉬운 마음이 들던 순간, 반환점에서 잠시 숨을 고르고 계신 선생님이 보였다. 망설임 없이 그에게 다가가 인사를 건넸다. "〇〇〇 선생님, 안녕하세요!" 자기소개를 하기도 전에, 선생님이 더 밝고 우렁찬 목소리로 대답하셨다. "네! 안녕하세요!" 설레는 마음으로 다시 물었다. "저 안정은이에요. 기억하시겠어요?" "어! 안정은 선생님! 오랜만이에요!" 반가움이 가득 담긴 목소리와 함께 따뜻한 악수를 나누었다. 그 순간 몇 년 전 함께 뛰었던 기억이 떠올랐다.

과거에 선생님과 풀코스 마라톤을 함께 완주했다. 목표를 이루기 위해 5km, 10km, 하프 마라톤을 함께 뛰며 호흡과 발걸음을 맞춰 왔다. 그 여정에서 가장 인상 깊었던 부분은 선생님의 "감사합니다"라는 한 마디였다. 시각장애인 러너들은 보통 동반 주자와 줄 하나로 연결되어 나란히 달린다. 그렇기에 넓은 길을 괜찮지만, 좁은 길에서는 러너들과 자전거들이 가까이 스쳐 지나가는 일이 빈번했다. 그럴 때마다 선생님은 "죄송합니다"라고 말하지 않았다. 대신 "감사합니다"라고 외치셨다.

"감사합니다."

그 한마디가 공간을 가득 채웠다. 주변의 러너들과 자전거를 탄 사람들도 그 말에 미소로 응답했고, 서로 응원하며 함께 달리는 분위기가 만들어졌다. 사람들은 사과 받는 것보다 감사 받을 때 더 기분이 좋아진다. 감사를 표현하면 상대방도 내 행동을 배려하고 싶어지는 선순환이 생긴다. 선생님의 긍정적인 에너지는 내게도 전해졌다. 나 역시 목소리를 높여 "죄송합니다" 대신 "감사합니다!"라고 외치게 되었고, 그 순간 감사의 힘이 얼마나 강력한지 깨달았다.

그날 선생님과 다시 만났을 때도 마찬가지였다. 나는 궁금해서 물었다. "어떻게 저를 알아보셨어요?" 선생님은 웃으며 말했다. "정은 씨가 저를 알아봤듯이, 저도 정은 씨의 기운을 알아볼 수 있었어요!" 속도가 달라 오래 대화할 수는 없었지만, 선생님의 변함없는 따뜻함과 응원이 나를 끝까지 달릴 수 있도록 만들어주었다. 마라톤을 완주하는 것은 속도가 아니라 끝까지 가는 힘이다. 그리고 그 힘은 감사에서 나온다는 것을 다시 한 번 깨달았다.

감사는 삶을 더 풍요롭게 만든다

당연하게 여겼던 순간들, 하지만 문득 이런 생각이 들었다. 감사함을 나누면 배가 되는구나. 그날부터 하루하루 '감사'를 연습하기 시작했다. 미국의 심리학자 마틴 셀리그만의 연구에 따르면, 감사하는 습관을 가진 사람은 그렇지 않은 사람보다 삶의 만족도가 훨씬 높다고 한다. 또한 하버드대 연구에서도 감사를 자주 표현하는 사람은 스트레스가 줄어들고, 인간관계가 더욱 돈독해지며, 건강도 좋아진다는 결과를 발표했다. 즉, 감사하는 마음은 단순한 감정이 아니라 우리의 삶을 긍정적으로 변화시키는 강력한 도구다. 하지만 우리는 왜 '감사'를 잊고 사는 걸까? 바빠서 익숙해져서 비교하느

라. 더 많은 것을 원하고, 가진 것에 대한 소중함을 잊고 살아간다. 하지만 감사는 우리가 현재에 만족하고 더 나은 미래를 만들어갈 수 있도록 도와준다. 나는 직접 이 변화를 경험했다.

어머니는 늘 "감사합니다"라는 말을 입에 달고 사신다. 특별한 순간이 아니어도 마치 스스로에게 속삭이듯 말하곤 하셨다. 매장에 단체 손님이 찾아올 때, 가족에게 작은 좋은 소식이 들려올 때, 심지어 뱃속 아이의 건강을 확인하는 검사 결과가 나올 때도 어머니는 "오늘도 감사합니다"라고 말씀하셨다. 처음엔 아무렇지 않게 흘려들었다. 하지만 그 말을 들을 때마다 내 마음이 순간 겸손해지고, 하루를 더 소중히 느끼게 되었다.

어느 날 어머니처럼 감사의 말을 습관으로 만들어보기로 했다. "오늘도 건강하게 달릴 수 있어서 감사합니다." 마라톤 훈련을 마친 후, 큰 행사를 무사히 마친 후, 스스로에게 감사하는 말을 건넸다. 신기하게도 훈련과 일이 더 즐거워졌다. 과거에는 '숫자'가 가장 중요했다. 하지만 지금은 '달릴 수 있음' 자체에, '일할 수 있음' 자체에 감사하게 되었다. 이 작은 태도 변화가 나의 훈련을 꾸준히 지속할 수 있는 원동력이 되었다.

우리는 가끔 이런 생각을 한다. "고맙지만, 말하지 않아도 알겠지", "다음에 기회가 되면 표현해야지", 하지만 '다음'은 생각보다 오지 않는다. 감사는 마음속에만 두면 효과가 반감된다. 표현해야 더 깊어진다. 좋아하는 사람에게 "네가 있어서 정말 다행이야"라고 해보자. 오늘 부모님께 "고마워요"라고 말해 보자. 혼잣말로라도 "오늘 하루도 수고했어"라고 자신에게 말해 보자. 내가 감사하는 말을 직접 뱉으면서, 주변 사람들과의 관계가 훨씬 따뜻해졌다. 작은 말 한마디가 상대방을 웃게 만들고, 그 웃음이 나에게 다시 돌아오는 것을 경험했다.

감사는 우리 삶을 더 풍요롭게 한다. 영국의 철학자 알랭 드 보통은 말했다. "감사는 행복을 두 배로 만들고, 불행을 반으로 줄인다." 우리는 늘 더 많은 것을 바라지만, 지금 이 순간에도 이미 충분히 감사할 일이 많다. 지금 이 글을 읽을 수 있는 것, 따뜻한 공간에서 편하게 앉아 있을 수 있는 것, 오늘도 새로운 하루를 시작할 수 있는 것. 이 모든 것들이 기적 같은 일들이다.

우리는 매일 기적 속에서 살고 있다. 하지만 그것을 감사할 줄 아는 사람만이 '기적'이라고 느낄 수 있다.

운은 내가
끌어당기는 것이다

과거 한 사진작가가 내게 말했다. "정은 씨는 참 운이 좋아요." 그 말이 틀리진 않았다. 나는 운이 좋았다. 적절한 타이밍에 달리기를 시작했고, 그 안에서 내 길을 찾았다. 그래서 나는 이렇게 대답했다. "네, 맞아요. 운이 좋았어요." 그러자 그는 이렇게 덧붙였다. "근데, 그거 알아요? '운(運)' 앞에는 '기(氣)'가 있어요. 정은 씨는 기운이 좋아요."

그땐 그 말의 의미를 깊이 이해하지 못했다. 단순히 감사하다고 웃어넘겼다. 하지만 10년이 지난 지금은 조금 알 것 같다. 우리는 흔히 "운이 좋다"라고 말하지만, 운과 기운은 다르다. 어떤 사람은 기회가 끊임없이 찾아오고, 어떤 사람은 같은 상황에서도 더 나은 결과를 만들어낸다. 마치 눈에 보이지 않는 기운이 그 사람을 향해 흐르는 것처럼. 반면 어떤 사람은 기회가 와도 알아채지 못하고, 좋은 일이 생겨도 금세 놓쳐버린다. 왜 이런 차이가 생길까? 단순히 운 때문일까?

운(運)은 예측할 수 없는 외부적 요소가 강하다. 로또 당첨처럼 순전히 확률에 의해 결정되거나, 우연히 찾아오는 기회가 포함된다. 하지만 기운(氣運)은 다르다. 기운은 우리가 만들어가는 것이다. 같은 환경에서도 누군가는 기운을 끌어당기고, 누군가는 기운을 소모하며 살아간다. 좋은 기운을 가진 사람들은 우연을 기회로 만들고, 긍정적인 에너지를 키우며, 자신의 선택을 주도적으로 한다. 즉, 운은 하늘에서 떨어지는 것이 아니라 내가 끌어당기는 것이다. 그렇다면 어떻게 하면 기운을 끌어당길 수 있을까? 나는 여섯 가지 방법이 중요하다고 생각한다.

첫 번째: 사소한 것, 사소한 만남이라도 놓치지 마라

기운은 거창한 곳에서 오는 것이 아니라, 우리가 미처 주목하지 못한 사소한 순간에서 시작된다. 인생을 바꾸는 기회는 반드시 크고 화려한 모습으로 다가오는 것이 아니다. 때로는 아무렇지도 않은 우연한 만남, 무심코 읽은 한 문장, 지나가는 대화 속에서 결정적인 전환점이 숨어 있다.

예를 들면 이런 경우다. 션과 함께 유아차 러닝을 기획하며 장소 대관이 필요했다. 마라톤 행사는 단순한 공간 대여가 아니다. 100명이 넘는 인원이 모이면 스트레칭 장소, 러닝 코스, 교통 통제까지 철저한 승인 절차가 필요하다. 특히, 아이들과 함께 하는 행사라 수유실, 기저귀 갈이 공간, 화장실, 대기장소까지 더욱 신중해야 했다. 대관을 위해 머리를 싸매던 어느 날, 한 러닝 행사에 에그타르트를 배달하러 갔다가 "이왕 온 김에 뛰고 가라"는 선배의 말에 5km를 뛰게 됐다.

러닝 코스에는 마포구 서울함공원이 있었다. 그곳에서 한 러닝 크루가 셀카를 찍고 있었고, 나는 별생각 없이 "제가 찍어드릴게요"라며 다가섰다. 그런데 갑자기 한 사람이 내게 다가와 말했다. "제가 찍어드릴게요. 저는 서울함공원 센터장입니다." 그는 이왕 온 김에 공원을 둘러보고 가라고 했다. 별 기대 없이 그곳을 둘러보았다. 그런데 예상 밖이었다. 아이들과 함께 하는 행사에 이만큼 좋은 공간이 또 있을까 싶었다. 유아 도서관, 넓은 공터와 주차장, 한강과 바로 이어지는 러닝 코스까지. 그 자리에서 센터장과 연락처를 주고받았고, 서울시로부터 대관 승인까지 빠르게 이루어졌다.

만약 내가 그날 5km를 달리지 않았다면? 셀카를 찍어주지 않았다면? 센터장의 제안을 거절하고 돌아왔더라면? 이 모든 인연과 기회를 놓쳤을 것이다. 기운이 좋은 사람들은 작은 만남도 허투루 보내지 않는다. 매 순간을 의미 있게 대하고, 주어진 기회를 소중히 여긴다. 기운은 사소한 곳에서 시작된다.

두 번째: 한 귀로 듣고 흘리지 말고 진심으로 들어라

 기운은 사람 사이에서 흐른다. 어떤 사람은 대화를 하면 에너지가 충전되지만, 어떤 사람은 기운을 빼앗긴 듯 지치게 만든다. 그 차이는 무엇일까? 바로 '진심 어린 경청'이다. 기운이 좋은 사람들은 상대방의 이야기를 깊이 듣고, 그 안에서 배울 점을 찾는다. 반면, 기운이 막히는 사람들은 듣는 둥 마는 둥 대화를 흘려버린다. 듣는 태도 하나만으로도 좋은 기운을 만들 수 있다. 좋은 기운을 얻고 싶다면? 대화할 때 핸드폰을 내려놓고 온전히 상대방에게 집중하자. 그리고 단순히 듣는 것이 아니라, 공감하고 피드백을 주는 습관을 들이자. 상대방이 내 이야기를 잘 들어주고 있다는 느낌을 받으면 말하는 이는 더 많은 정보를 제공할 것이다. 마지막으로 상대방이 했던 사소한 말까지 기억하고, 그것을 다음 만남에서 활용하라. 만일 팀원이 했던 사소한 고민을 기억하고, 다음에 조언을 건넨다면 그 관계는 더욱 깊어질 것이다. 마찬가지로 누군가의 말을 진심으로 경청하는 것만으로도 예상치 못한 기회를 얻을 수 있다. 좋은 기운은 진정성 있는 대화에서 시작된다.

세 번째: 작은 행복에 감사해야 더 큰 행복이 찾아온다

 감사는 기운을 끌어당기는 가장 강력한 에너지다. 행복은 거창한 성공에서만 오는 것이 아니다. 매일 작은 행복을 발견하고 감사할 줄 아는 사람에게 더 큰 행운이 따라온다. 반대로, 늘 부족한 것만 바라보는 사람은 아무리 좋은 기회를 가져다줘도 만족하지 못한다. 하루에 세 가지 감사한 일을 적어보자. 평범했던 나의 하루가 소중해질 것이다. 누군가의 작은 호의도 당연하게 여기지 말고 감사의 표현을 하자. 그리고 불평이 나올 때마다 같은 상황에서 감사할 점을 찾아보자. 매일 출근길이 지옥처럼 느껴질 수도 있지만, "그래도 일할 수 있는 직장이 있다는 것"에 감사할 수도 있다. 작은 것에도 감사할 줄 아는 사람은 더 큰 기운을 끌어당길 수밖에 없다.

네 번째: 우연을 두려워하지 말고 받아들이자

살면서 예상치 못한 변화와 우연한 기회가 찾아온다. 많은 사람은 그것을 두려워하고, 익숙한 틀 안에서만 살아가려 한다. 하지만 기운이 좋은 사람들은 다르다. 그들은 예측할 수 없는 흐름을 기회로 바꾸는 능력을 갖고 있다. 새로운 변화가 찾아왔을 때, 본능적으로 거부하지 말고 한 번 받아들여보자. '이건 운명일지도 몰라'라는 열린 마음을 가져보자. 니체는 말한다. "모든 삶의 순간은 우리에게 무엇인가를 말하려 한다. 그러나 우리는 들으려 하지 않는다." 무언가에게 이끌리거나 반복되거나 문득 떠오른다면 그 이야기를 들어보자. 실패하더라도 그것이 또 다른 기회로 이어질 수 있음을 기억하자. 의외로 어느 날 갑자기 제안받은 프로젝트, 계획에 없던 여행, 우연히 만난 사람과의 대화. 이런 우연들이 인생의 큰 변화를 가져오기도 한다. 모든 일이 내 계획대로만 흘러가야 한다는 집착을 버릴 때, 새로운 기회가 열린다.

다섯 번째: 기회를 기다리지 말고 낚아채자

운이 좋은 사람들은 기회를 기다리지 않는다. 기회가 올 때까지 가만히 있는 것이 아니라 적극적으로 찾아 나선다. 그리고 기회가 보이면 망설이지 않고 잡아챈다. 새로운 경험을 두려워하지 말고 도전하자. 미국의 3대 대통령이었던 토마스 제퍼슨은 이렇게 말했다. "나는 내가 더 노력할수록 운이 더 좋아진다는 걸 발견했다." 기회가 왔을 때 "내가 할 수 있을까?" 고민하기보다 먼저 해보겠다고 손을 들어 보자. 작은 기회라도 놓치지 말고 활용할 방법을 고민하자. 어떤 사람은 좋은 제안이 와도 "나는 아직 준비가 덜 됐어"라며 미루고, 어떤 사람은 "일단 해보자"라며 도전한다. 후자가 기운을 끌어당기는 사람이다. 준비된 사람에게만 기회가 오는 것이 아니라, 기회를 잡는 사람이 준비된 사람이다.

여섯 번째: 긍정은 기회를 운명으로 만드는 강력한 에너지다

긍정적인 사람은 같은 기회를 받아도 그것을 더 크게 만든다. 좋은 기운을 가진 사람들은 "이건 내게 온 기회야"라고 생각하고, 그 기회를 운명으로 만든다. 반면, 부정적인 사람들은 "이거 괜히 하면 실패할 수도 있어", "나를 시험하는 건가?"라며 기회를 놓친다. 부정적인 생각이 들 때, 일부러라도 긍정적인 해석을 해보자. 어려운 상황에서도 "이 안에서 내가 배울 것은 무엇인가?"를 고민해 보는 것이다. 자신이 믿는 만큼 현실도 따라온다는 것을 기억하자. 같은 프로젝트를 맡아도 "이건 너무 어려워"라고 생각하는 사람과 "이 기회를 통해 성장할 수 있어"라고 생각하는 사람의 결과는 달라진다. 긍정은 단순한 감정이 아니라, 기회를 운명으로 바꾸는 힘이다.

기운은 내가 끌어당기는 것이다. 기운을 끌어당기는 것은 우연이 아니다. 우리는 사소한 만남을 소중히 여기고, 진심으로 사람의 말을 듣고, 작은 행복에 감사하며, 우연을 받아들이고, 기회를 낚아채고, 긍정적인 에너지를 키울 때 좋은 기운이 우리를 향하게 된다. 기운을 끌어당기는 사람은 기회를 놓치지 않는 사람이며, 운을 단순한 우연이 아니라 스스로 만들어가는 사람이다. 좋은 기운을 끌어당기는 사람은 운도 따르게 마련이다. 당신은 어떤 기운을 끌어당기고 있는가?

불평을 멈추는 순간
달라지는 것들

종종 불평을 입에 달고 사는 사람들을 본다. 아니, 어쩌면 스스로가 그런 사람이었음을 깨닫기도 한다. 일이 많아서, 날씨가 더워서, 돈이 부족해서, 내 주변 환경이 원하는 대로 돌아가지 않아서…. 불평할 이유는 언제든 찾을 수 있다. 나도 실은 불평이 많은 사람이었다. 하필 그 시점에 사드배치가 터져서, 비자가 나오지 않아서, 나 혼자 한국에 남아 괴로운 싸움을 하고 있다고 생각했다. 하지만 불평이 많아지면 삶의 주도권을 잃고, 발전보다는 불만을 키우는 악순환에 빠지게 된다. 나의 삶에만 악영향을 끼치는 것이 아니라 주변 사람들에게도 불평의 기운은 전염된다. 그렇다면 불평을 줄이고 삶을 더 긍정적으로 이끌어 가려면 어떻게 해야 할까?

'왜' 불평하는지 먼저 점검하라

불평이 많은 사람은 종종 자신이 왜 그렇게 불만이 많은지 스스로 인식하지 못한다. 단순한 습관일 수도 있고, 해결할 수 있는 문제인데도 해결하려는 노력을 하지 않았기 때문일 수도 있다. 자신에게 물어보자. 나는 주로 어떤 상황에서 불평을 하는가? 내 불평이 습관적으로 나오는 것인가, 아니면 정말 개선이 필요한 문제인가? 불평한다고 상황이 달라지는가? 아니면 오히려 더 부정적인 감정만 쌓이는가? 이 질문에 답하다 보면, 내가 왜 불평하는지, 그리고 그것을 멈출 수 있는 방법은 무엇인지 알게 된다.

'해결 가능한 불평'과 '해결할 수 없는 불평'을 구분하라

모든 불평이 나쁜 것은 아니다. 불평을 통해 문제를 해결할 수도 있다. 하지만 불평이 단순한 푸념이 되는 순간, 그것은 나에게도, 주변 사람들에게도 독이 된다. 불평을 두 가지로 나눠 보자.

해결할 수 있는 문제는 → 행동하라

회사 일이 너무 많으면 업무량을 조절하는 방법을 고민하거나, 상사에게 해결책을 요청하라. 운동할 시간이 없다면 하루 30분이라도 시간을 만들고 루틴을 조정해보자.

해결할 수 없는 문제는 → 받아들여라

날씨가 너무 덥다면 어쩔 수 없다. 대신 시원한 환경을 만들 방법을 찾아보자. 세상이 불공평하다면 맞다, 세상은 공평하지 않다. 하지만 그 속에서 내가 할 수 있는 최선을 찾는 것이 중요하다. 불평을 무작정 하는 것이 아니라, 그 불평이 행동으로 이어질 수 있는지 점검하고, 해결 가능한 것은 바꾸고, 해결할 수 없는 것은 받아들이는 것이 중요하다.

불평 대신 '질문'으로 바꿔라
불평이 많은 사람은 '왜 이런 일이 나한테 생기지?' 같은 부정적인 질문을 자주 한다. 하지만 같은 상황이라도 질문을 다르게 하면 문제 해결의 실마리를 찾을 수 있다. 불평 대신 이렇게 질문하라.

"일이 너무 많아서 힘들어"
→ "이 상황에서 내가 업무 효율을 높일 방법은 없을까?"
"운동할 시간이 없어"
→ "내 하루 일정을 다시 짜서 30분이라도 운동할 수 있을까?"
"나는 왜 항상 운이 없을까?"
→ "운에 기대지 않고 성공할 수 있는 방법은 무엇일까?"

질문을 바꾸는 순간 피해자가 아니라 문제를 해결하는 사람이 된다.

불평을 '감사'로 바꾸는 연습을 하라

불평이 습관이 된 사람들은 작은 일에도 쉽게 짜증을 낸다. 하지만 같은 상황에서도 감사를 찾는 사람이 더 행복하고 더 성장한다. 불평 대신 감사할 것들을 찾아보자.

"출근길이 너무 막혀!"
 → "그래도 일할 수 있는 직장이 있고, 월급이 나오는 게 어디야."
"오늘 너무 바빴어!"
 → "내가 할 일이 많다는 것은 내 능력이 필요하다는 뜻이다."
"운동 너무 힘들어!"
 → "운동할 수 있는 건강한 몸이 있다."

하루 동안 불평을 5개 줄이고, 대신 감사할 일을 5개 적어보자. 몇 주만 해도 삶이 바뀌는 것을 느낄 것이다.

불평하는 사람들과 거리를 두어라

우리는 주변 사람들의 영향을 크게 받는다. 불평이 많은 사람과 어울리면 나도 덩달아 부정적인 태도가 몸에 밴다. 반대로 긍정적인 사람들과 어울리면, 나도 자연스럽게 해결책을 찾는 사람이 된다. 불평을 줄이고 싶다면? 불평이 많은 사람과 대화할 때, 해결책을 제시해보자. 상대가 끊임없이 불평만 하고 해결책을 원하지 않는다면, 거리를 두는 것이 좋다. 그리고 긍정적이고 도전적인 사람들과 시간을 보내보자. 마지막으로 불평이 나올 때마다 '내가 지금 생산적인 대화를 하고 있는가?'를 점검하는 것도 방법이 된다.

불평을 없앤다고 모든 문제가 해결되는 것은 아니다. 하지만 불평하는 시간을 줄이는 것만으로도 삶은 훨씬 더 긍정적으로 변할 수 있다. 불평하는 이유를 점검하고, 해결 가능한 불평과 그렇지 않은 불평을 구분하자. 불평 대신 '어떻게 해결할 수 있을까?'라는 질문을 던지자. 그리고 작은 감사부터 찾으며 생각의 흐름을 바꾸자. 불평을 줄이면 삶의 주도권을 되찾을 수 있다. 불평이 아니라 해결책을 고민하는 사람이 되자. 스스로에게 질문해 보자.
"나는 지금 불평을 하고 있는가, 해결책을 찾고 있는가?"
무엇보다 가장 좋은 불평을 없애는 방법은 나 스스로가 선택한 길을 달리는 것이다.

자신을 믿는 사람이
끝까지 갈 수 있다

"자신을 믿는다는 것은 아직 존재하지 않는 길을 스스로 만들어가는 일이다."

철학자 니체는 말했다. 이처럼 새로운 도전을 할 때 가장 중요한 것은 스스로를 믿고 나아가는 힘이다. 하지만 많은 사람은 한 걸음을 떼기도 전에 주저한다. "내가 과연 해낼 수 있을까?", "이 길이 맞을까?"라는 불안이 발목을 잡는다. 하지만 성공한 사람과 그렇지 않은 사람의 차이는 타고난 재능이 아니라, 자신을 얼마나 믿느냐에 달려 있다.

자기 확신(Self-Belief)은 단순한 긍정적 사고가 아니라, 행동할 수 있도록 만드는 원동력이다. 처음 마라톤을 시작했을 때도, 베이커리 카페를 열었을 때도 모든 것이 불확실했다. 그러나 한 가지는 확실했다. "나는 해낼 수 있다" 자기 자신을 믿는 사람만이 끝까지 갈 수 있다.

　철학자 윌리엄 제임스는 말했다. "자신을 믿는 순간, 인생의 절반은 이미 성공한 것이다." 많은 사람이 새로운 도전을 시작하지만, 끝까지 완주하는 사람은 많지 않다. 그 이유는 실력이 부족해서가 아니라, 자신을 믿지 못하기 때문이다. "정말 가능할까?"라는 의심이 들 때, 그 의심을 넘는 사람이 결국 끝까지 간다. 나는 처음 달리기를 시작했을 때 5km조차 힘들었다. 숨이 턱 끝까지 차고, 다리는 무거웠고, '왜 이걸 하고 있지?'라는 생각이 들었다. 그러나 그 다음 날도 또 그 다음 날도 달렸다. 그러면서 깨달았다. "5km가 힘들지만, 계속 달리다 보면 10km도 가능할 것이다. 그리고 10km를 완주하면, 풀코스 마라톤도 가능하겠지." 이렇게 작은 목표를 차근차근 쌓아가다 보니, 어느새 250km 사막 마라톤까지 완주하게 되었다.

　베이커리 카페 운영도 마찬가지였다. 번화가에 위치한 것도 아니었고, 카페 운영 경험도 없었다. 영업 허가부터 직원 고용, 택배 발송까지 모든 것을 처음부터 스스로 배워야 했다. "이곳을 많은 사람이 찾아올 수 있을까?", "사장의 역할을 잘할 수 있을까?"라는 걱정도 많았다. 하지만 내가 만든 빵과 커피를 믿었고, 매일 더 나은 맛을 만들겠다는 생각으로 나아갔다. 자기 확신이 있는 사람만이 시작할 수 있고 끝까지 갈 수 있다.

헨리 포드(Henry Ford)는 말했다. "당신이 할 수 있다고 믿든, 할 수 없다고 믿든, 결국 당신의 생각대로 될 것이다." 즉, 우리가 어떤 결과를 얻을지는 스스로를 얼마나 믿느냐에 달려 있다. 달리기를 할 때 "내가 100km를 완주할 수 있을까?" 고민하기보다 일단 대회를 신청하고 "오늘 1km만 더 달려보자"라고 생각하는 것이 더 중요하다. 그렇게 한 걸음씩 나아가다 보면, 어느새 자신이 생각했던 것보다 훨씬 더 강한 사람이 되어 있음을 깨닫게 된다.

베이커리 카페 운영도 마찬가지다. 처음부터 큰 성공을 기대하는 것이 아니라, 매일 최고의 빵을 만들고, 내일은 더 나은 빵을 구워내는 것. 그리고 좋은 품질과 정성을 유지하는 것. 그렇게 하루하루 쌓아가는 과정이 결국 결과를 만든다. 자신을 의심할 시간에, 한 걸음 더 내디뎌라. 그 한 걸음이 목표를 이루는 길이 된다.

자기 확신이 중요한 또 하나의 이유는, 실패를 극복하는 힘이 되기 때문이다. 베이킹을 하다 보면, 수많은 실패를 겪기도 한다. 반죽이 제대로 부풀지 않거나, 기대했던 맛이 나지 않을 때도 있다. 하지만 실패가 두려워 도전을 멈추면, 그곳에서 멈출 수밖에 없다. 스스로 "나는 할 수 있어, 다시 도전하면 더 좋은 결과가 나올 거야"라고 믿고 계속해서 시도해야만 결국 최고의 레시피를 찾을 수 있다. 달리기에서도 마찬가지다. 마라톤에서 실패는 흔하다. 예상보다 기록이 나오지 않을 수도 있고, 체력이 부족해 완주하지 못할 수도 있다. 하지만 포기하지 않는 사람은 달리기 훈련을 더하고, 장비를 바꾸고, 근력 운동을 추가하며 스스로를 성장시킨다. 결국 자기 확신이 있는 사람만이 실패 속에서도 배울 수 있고, 다시 도전할 수 있다.

마라톤을 뛰다 보면 누구나 '벽'을 만난다. 더 이상 한 걸음도 내딛을 수 없을 것 같은 순간. 그 순간을 넘길 수 있는 사람은 '나는 할 수 있다'라고 믿는 사람뿐이다. 한 번 해낸 경험은 또 다른 도전을 가능하게 한다. "그때도 힘들었지만, 해냈잖아." 이 한마디가 우리의 한계를 넓히는 원동력이 된다. 어려운 일을 해낸 경험이 많을수록, 우리는 과정 자체를 즐길 줄 알게 된다. 결과보다 그 과정에서 얻는 배움과 성장의 가치를 알게 되기 때문이다. 우리는 흔히 시간이 모든 것을 해결해 준다고 말하지만, 시간이 해결하는 것이 아니라, 그 시간을 버텨낸 내가 해결하는 것이다. 고통을 견디고 끝까지 버텨낸 경험이 있다면, 우리는 익숙한 길에서 벗어날 용기를 얻게 된다. 과거의 나보다 더 나아질 수 있다는 확신이 생기기 때문이다.

무엇이 마라톤을 완주하는 사람과 중간에 포기하는 사람을 가를까? 무엇이 자신이 원하는 빵을 완벽하게 만들어내는 사람과 중도에 그만두는 사람을 나누는 걸까? 결국 차이는 '자기 확신'에 있다. 고통스러운 과정은 누구에게나 힘들다. 그러나 우리가 진짜 성취감을 느끼는 순간은 그 과정을 통과한 후에 온다. 마라톤을 떠올려보자. 달리는 내내 숨이 가쁘고, 다리는 무거워지고, 포기하고 싶은 순간이 찾아온다. 그런데 신기하게도, 결승선을 넘는 순간 모든 것이 달라진다. 고통은 사라지고, 오직 "해냈다"는 감각만 남는다. 그렇다. 우리는 어려움을 이겨낸 순간을 통해 스스로를 단단하게 만들어간다. 마라톤도, 빵을 굽는 일도, 인생의 모든 도전도 마찬가지다. 포기하고 싶은 순간이 반드시 온다. 그 순간, 자신을 믿고 한 걸음 더 내디딜 수 있는 사람이 결국 원하는 목표에 도달한다.

베이킹이든, 달리기든, 인생의 어떤 도전이든 자기 확신이 있는 사람만이 끝까지 갈 수 있다. 자신을 믿는 것이 삶에서 성공과 성장을 이루는 가장 중요한 요소이다. 중요한 건, 끝까지 가겠다는 마음이다. 오프라 윈프리는 말했다. "자신을 믿어라. 그러면 당신이 갈 수 있는 곳의 경계가 사라진다." 우리는 누구나 새로운 도전 앞에서 두려움을 느낀다. 그리고 경계는 그 누구도 아닌 나 자신이 설정한다. 중요한 건 의심이 아니라, 믿음으로 한 걸음 내디디는 것이다.

스스로를 믿고, 끝까지 가보자.

스스로를 믿는 순간 변화가 시작되고, 도전도 가능해진다.

함께 달려야
더 멀리 간다

나는 오랫동안 혼자 달리는 사람이었다. 달리기도 공부도 혼자가 편했다. 혼자 달리면 내 페이스를 유지하기 쉬웠고, 방해받을 일도 없었다. 빨리 가고 싶으면 빨리 달렸고, 힘들면 멈추면 그만이었다. 하지만 혼자 달리는 길에는 결정적인 한계가 있었다. 포기하기도 쉬웠다는 점이다. 새벽 공기를 가르며 이어폰을 꽂고 달리는 시간, 그 시간이 나를 성장시켜 주었지만, 때때로 외롭기도 했다. 내가 힘들어질 때 옆에서 응원해 주는 사람이 없고, 달리는 이유를 잊고 싶을 때 다시 잡아줄 사람이 없었다.

그러다 '러닝 크루'라는 것을 만나 함께 달리는 경험을 하게 됐다. 벚꽃이 휘날리는 남산을 뛰면서 처음으로 '황홀하다'는 감정을 느꼈다. 쉬운 코스도 아니었고, 짧은 거리도 아니었다. 그런데 나는 평소 달렸던 거리보다 더 멀리 더 높이 달려 있었다. 그 순간 깨달았다. 함께 하는 힘은 나를 더 멀리 데려다 주는구나. 아프리카의 속담 중에 이런 말이 있다. "빨리 가려면 혼자 가고, 멀리 가려면 함께 가라." 여전히 이 속담은 내 인생의 가장 중요한 삶의 본질이 되었다.

지금까지 정말 다양한 길을 달렸다. 하지만 가장 기억에 남는 순간은 혼자 달렸던 대회가 아니라 누군가와 함께 했던 순간들이었다. 엄마, 아빠들과 함께 유아차 러닝을 시작한 날, 탑걸즈 크루와 함께 자유를 위해 달렸던 날, 그리고 션과 함께 100마일(160km) 달리기의 꿈을 이뤘던 날. 함께 달리며 나는 그 의미를 몸소 깨닫고 있다. 단순히 '완주하는 법'이 아니라 '끝까지 가는 법'과 '함께 성장하는 법'을 배우고 있다.

어제의 기록을 넘어야 했고, 누군가보다 더 빨리 도착해야만 했다. 기록과 성과에 집착하다 보니, 달리기 자체를 즐기기보다 스트레스에 빠지기도 했다. 하지만 함께 달리면서 가장 먼저 배운 것은 '경쟁'이 아닌 '공감'과 '격려'였다. 누군가가 지쳐 멈추고 싶을 때, 옆에서 "힘내!"라는 한마디는 그 사람의 발을 다시 움직이게 만든다. 그 말을 듣는 사람뿐만 아니라, 건네는 사람까지도 힘을 얻는다. 마라톤도, 인생도 그렇다. 혼자 뛰면 쉽게 지칠 수 있지만, 함께 뛰면 누구나 다시 일어설 힘을 얻는다. 혼자 달리는 사람은 자신만 바라보지만, 함께 달리는 사람은 서로를 바라본다. 타인의 성장을 응원할 때 나 역시 더 크게 성장한다.

탑걸즈 크루를 처음 시작했을 때, 목표는 '혼자 달리기 어려운 여성들이 함께 도전하는 것'이었다. 이 과정에서 놀랍게도 개개인의 성장 속도가 훨씬 빨라졌다. 혼자였다면 쉽게 좌절할 수밖에 없었던 도전들도 함께이기에 가능해졌다. 처음 1km를 뛰기 어려워하던 멤버가 풀코스 마라톤을 완주하고, 자신감 없던 사람이 이제는 스포츠 브라탑만 당당히 입고 새로운 도전을 향해 나아가고 있다. 나는 이 모습을 보며 '성장'이란 단지 개인의 노력이 아니라 함께 나아가는 과정에서 더 빠르게 이루어진다는 것을 알게 되었다.

함께하면 새로운 시야가 열리기도 한다. 혼자는 내 생각에 갇히기 쉽다. 하지만 함께하는 사람들과 대화를 나누다 보면, 내가 보지 못했던 것들을 보게 된다. 탑걸즈 크루를 운영하면서, 여성 러너들이 처한 다양한 고민과 현실을 알게 되었다. 어떤 이는 밤늦게 밖에 나와본 게 처음이었고, 어떤 이는 운동을 하고 싶어도 주변의 시선이 부담스러웠다. 나 혼자였다면 알지 못했을 이야기들. 그러나 함께하면서 서로를 이해하고, 해결 방법을 찾고, 새로운 러닝 문화를 만들어가게 되었다. 함께한다는 것은 단순히 모여서 무언가를 하는 것이 아니다. 서로의 시야를 넓히고, 더 나은 방향으로 나아가는 힘이 된다. 도전을 멈추게 하는 것은 어려움이 아니라 외로움이다. 함께할 사람이 있다면, 우리는 더 큰 벽을 넘어설 수 있다.

유아차 러닝을 시작했을 때, 처음에는 낯선 시선을 걱정했다. 하지만 아기와 함께 달리면서, 부모가 건강하고 행복할 때, 아이도 행복하다는 걸 깨달았다. 달리는 부모를 보며 아이는 뿌듯해했고, 뿌듯한 아이의 모습을 보며 부모는 힘들어도 달릴 힘이 생겼다. 이런 가족들이 50팀, 100팀이 되니, 그 긍정적인 힘은 이루 말할 수 없었다. "네가 있었기에 엄마도, 아빠도 해낼 수 있었어." 이 말 한마디가 주는 감동을 경험하고 나면, 혼자의 성취가 아니라 '같이 해낸 성취'가 얼마나 의미 있는지 알게 된다. 이제는 많은 부모가 유아차 러닝에 동참하고 있다. 함께 달리는 부모들이 많아질수록, 이 길은 더욱 넓어지고 있다. 함께하는 길은 혼자서는 경험할 수 없는 특별한 행복을 준다. 행복은 혼자일 때도 가능하지만, 함께 나눌 때 배가 된다.

책을 쓰고, 강연을 통해 경험을 나누는 순간도 마찬가지였다. 내 이야기가 누군가에게 '나도 할 수 있다'는 믿음을 준다는 것. 누군가에게 희망이고 용기가 된다는 것은 더 열심히 달릴 원동력이 되었다. 내가 달리며 겪은 실패와 성공이 누군가의 삶 속에 작은 희망과 용기로 자리 잡는다면, 그것이야말로 가장 의미 있는 성취라고 생각한다. 우리는 때때로 어려움이 아닌, 외로움 때문에 도전을 멈춘다. 그렇기에 함께할 사람이 있다면, 우리는 더 큰 벽을 넘어설 수 있다. 이제 나의 고민은 "어떻게 하면 더 많은 사람이 함께 달릴 수 있을까?"이다. 내가 가진 경험과 지식은 나 혼자 간직할 때보다 나눌 때 비로소 진정한 가치를 발휘한다. 내가 좋아하는 말이 있다.

"내게 재능이 주어졌다면 그건 내 것이 아닐 것이다. 이 재능이 필요한 곳에 쓰라는 것이다." 내가 달려온 길이 누군가에게 '함께하는 길'을 보여줄 수 있다면, 그것만큼 가치 있는 일은 없다.

예전에는 '혼자'가 더 편했다. 하지만 이제는 '함께'가 주는 즐거움을 안다. 성취는 혼자서도 가능하지만, 함께할 때 비로소 삶이 더 풍요로워진다. 같은 목표를 향해 달리며 서로를 응원하고, 지칠 때 손을 내밀어 주고, 성공의 순간을 함께 기뻐할 때, 우리는 더 강한 사람이 된다. 아직도 혼자가 더 익숙한가? 그렇다면 한 번쯤 함께하는 기쁨을 경험해보길 바란다. 그 길 끝에서, 혼자였을 때보다 더 큰 행복을 발견하게 될 것이다.

혼자였다면 포기했을 그 순간에도, 함께하는 이들이 있기에 다시 일어설 수 있었다. 바닥이 아닌 앞을 바라볼 수 있었다. 혼자서는 빨리 갈 수 있을지 모르지만, 결국 끝까지 갈 수 있는 힘은 함께하는 사람에게서 나온다. 당신의 곁에 함께한 사람이 있는가? 그렇다면 함께 달려보자. 함께하면, 더 멀리 갈 수 있으니까.

| 에필로그 |

피니시 라인은
또 다른 시작점이다

어릴 때는 인생이 정해진 결승선을 향해 달리는 것처럼 느껴졌다. 좋은 학교, 좋은 직장, 남들이 정해둔 목표를 향해 열심히 달려가야만 성공하는 줄 알았다. 인생은 마라톤처럼 한 가지 목표만 바라보며 앞만 보고 달려왔다. 하지만 달리며 보니, 인생에는 단 하나의 피니시 라인만 있는 게 아니었다.

"인생에는 수천 개, 수만 개의 피니시 라인이 있다."

우리는 살아가면서 수많은 피니시 라인을 만난다. 어떤 길은 전력 질주해야 하고, 어떤 길은 숨을 고르며 천천히 걸어가야 한다. 때로는 혼자만의 목표를 향해 달리고, 때로는 누군가와 손을 맞잡고 함께 나아가야 할 때도 있다. 나 역시 긴 시간 동안 달리면서 다양한 피니시 라인을 지나왔다. 어떤 레이스는 기록 단축을 위해 전력을 다했고, 어떤 레이스는 지금 이 순간의 풍경을 즐기며 가벼운 걸음으로 달렸다. 또 어떤 레이스에서는 누군가의 목표를 돕기 위해 함께 뛰었다. 그리고 그 모든 순간이 모여 지금의 나를 만들었다.

 어쩌면 인생의 모든 순간이 작은 피니시 라인일지도 모른다. 어떤 시점에서는 열심히 살아보기도 하고, 또 어떤 시점에서는 현재에 감사하며 추억을 쌓기도 한다. 만약 어느 한 피니시 라인을 잘 넘지 못했다고 해서 스스로를 자책하거나 '망한 인생'이라고 단정 지을 필요는 없다. 물론 마음이 아프고 속이 쓰릴 수 있다. 하지만 그것은 그만큼 최선을 다해 달려왔다는 증거가 아닐까? 중요한 건 단 한 번의 피니시 라인이 아니라, 다음 스타트라인에서 다시 출발할 용기다. 그리고 다시 한번 최선을 다해보면 된다. 피니시 라인은 끝이 아니라, 또 다른 시작점이 될 뿐이니까.

 수많은 피니시 라인을 넘으며 경험하는 희노애락이 진정한 '인생 마라톤길'이라고 생각한다. 우리는 하나의 목표를 이루면 모든 것이 끝날 것처럼 생각하지만, 그 끝은 언제나 새로운 길을 향한 출발선이 된다. 처음 마라톤을 완주했을 때, '이제 끝이구나'라고 생각했지만, 곧 또 다른 도전이 떠올랐고, 새로운 목표를 향해 다시 달려 나갔다. 인생도 마찬가지다. 한 번의 성공이나 한 번의 실패로 모든 것이 결정되는 것이 아니라, 계속해서 다음 피니시 라인을 만들어가며 나아가는 과정이다.

 그렇다면 중요한 것은 속도가 아닐지도 모른다. 남들보다 빠르게 가야 한다는 강박보다는, 나만의 속도로, 나만의 리듬을 찾는 것이 더 중요하다. 때로는 전력 질주하며 목표를 향해 나아가고, 때로는 숨을 고르며 주변을 둘러보자. 때로는 혼자가 아니라 누군가와 함께 달려보는 것도 좋다. 시각장애인 러너의 동반 주자로 달린 경험은 나를 위한 목표가 아니었지만, 13번의 풀코스 중 가장 감동적이고 벅찬 레이스 중 하나였다.

내가 아닌 누군가를 위해 달리는 순간, 나 자신도 더 단단해졌고, 그 과정 자체가 큰 의미로 남았다.

결국 중요한 건, 계속해서 한 걸음씩 내디디는 것. 이제 이 책을 덮고, 당신이 좋아하는 일을 찾아 나아가길 바란다. 그것이 달리기든, 책을 읽는 것이든, 새로운 도전을 시작하는 것이든 상관없다. 어떤 길을 선택하든, 어떤 속도로 가든 괜찮다. 중요한 건 내가 원하는 방향으로, 내가 원하는 방식으로 걸어가는 것. 그리고 끝이 아니라 계속해서 새로운 길을 만들어가는 것이다. '나만의 페이스'로 꾸준히 나아가는 것. 인생에는 단 하나의 피니시 라인만 있는 것이 아니다. 다양한 피니시 라인을 경험하며, 그 과정에서 성장하고, 때로는 쉬어가며, 때로는 함께 달리는 것. 그것이 우리가 나아가야 할 진짜 방향 아닐까? 그러니 조급해하지 말고, 지금 당신이 있는 자리에서 한 걸음 내디뎌 보자. 어느 방향이든 괜찮다. 당신만의 피니시 라인을 향해, 당신만의 속도로 나아가면 되는 거니까. 언제나 당신의 모든 순간을 응원한다.